蜕变与再生

——岭南文化在当代公共空间设计中的传承与应用研究

李鸿明　李玟 ◎ 著

吉林人民出版社

图书在版编目(CIP)数据

蜕变与再生:岭南文化在当代公共空间设计中的传
承与应用研究 / 李鸿明,李玟著 . -- 长春:吉林人民
出版社,2022.7
ISBN 978-7-206-19158-9

Ⅰ . ①蜕… Ⅱ . ①李… ②李… Ⅲ . ①地方文化 – 研
究 – 广东②公共建筑 – 室内装饰设计 – 研究 Ⅳ .
① G127.65 ② TU242

中国版本图书馆 CIP 数据核字 (2022) 第 126704 号

蜕变与再生——岭南文化在当代公共空间设计中的传承与应用研究
TUIBIAN YU ZAISHENG —— LINGNAN WENHUA ZAI DANGDAI GONGGONG KONGJIAN SHEJI ZHONG DE
CHUANCHENG YU YINGYONG YANJIU

著　　者：李鸿明　李　玟
责任编辑：赵梁爽　　　　　　　　　　封面设计：袁丽静
吉林人民出版社出版 发行（长春市人民大街 7548 号）　邮政编码：130022
印　　刷：石家庄汇展印刷有限公司
开　　本：710mm×1000mm　　　1/16
印　　张：10.25　　　　　　　　　字　　数：160 千字
标准书号：ISBN 978-7-206-19158-9
版　　次：2022 年 7 月第 1 版　　　印　　次：2022 年 7 月第 1 次印刷
定　　价：68.00 元

前　言

　　文化是国家、民族、社会发展的"灵魂"所在，是民族的精神血脉，是人民的精神家园。在日新月异的信息时代，对民族传统文化的内涵加以拓展、完善，扩大其影响力，加大对民族优秀传统文化的传承与创新力度，是新时代赋予的新使命，是永葆文化生命力的必然需要，也是建设文化强国的主要任务。历史表明，任何一种文化，若要实现长久兴盛，都需要一代一代地保护、传承与发展。

　　穿越千年风云，岭南文化以其独有的多元、务实、开放、兼容、创新等特点，革故鼎新，博采众长，对地域乃至全球的经济、社会发展起着举足轻重的作用。岭南文化作为民族优秀传统文化的重要支流，加快传承与发展的脚步自然是新时代赋予文化事业发展的新任务和新使命，在当代公共空间设计中的传承与应用，更是在当今时代完成岭南文化蜕变与再生的理想之选。其中，立足时代的发展与社会的进步，促进岭南文化的蜕变并实现再生，成为时代赋予岭南地区文化发展的一项重要使命。本书就以此为视角进行深入的研究与探索，具体包括六章。

　　第一章主要从起源、特征、多元化、地位四个方面，将岭南文化进行深入地解读，明确岭南文化在当今时代的作用与价值。

　　第二章主要针对当代公共空间设计的概念、基本原则、所涉及的相关文化元素与传统文化之间的融合四个方面，对当代公共空间设计的发展方向进行了具体阐述，其与第一章共同说明了本书创作的时代背景，同时为岭南文化在当代公共空间设计中的传承与应用指明了方向。

　　第三章主要阐述岭南文化与公共空间设计之间相互融合的必然性，文化和公共空间设计的关系、文化对公共空间设计的影响、岭南文化在当代公共空间设计中的价值三个方面，为本书创作夯实理论基础。

　　第四章主要以公共空间导视系统设计为立足点，通过分析何谓公共空间导视系统、公共空间导视系统的构成要素、岭南文化特色在公共空间导视系统设计中的表现三方面，探明岭南文化符号在当代公共空间设计中传承的现状，彰显出岭南文化在当今时代公共空间设计中所发生的蜕变，以及再生过程中所蕴含的创新，突出公共空间导视系统设计所蕴藏的"美"，说明岭南文化在当代公共空间设计中的作用与价值。

第五章主要以餐饮空间设计为视角，通过分析当代餐饮公共空间设计发展概况、岭南文化在餐饮公共空间设计中的构思及原则、岭南文化在当代餐饮公共空间设计中的再生，说明岭南文化在当代公共空间设计中应用的广泛性，在传统文化传承中显现出的极为明显的价值，并通过实际案例进行深度解读。

第六章主要以历史文化街区为视角，阐述岭南地区城市历史街区公共空间设计发展的现状，岭南文化在当代公共空间设计中传承与应用所取得的成就，并将未来岭南文化在当代公共空间设计中传承与应用所坚持的原则和存在的相互关系加以阐释，进一步明确在城市历史文化街区公共空间设计中，实现岭南文化传承与活化的实践路径。

目 录

第一章　岭南文化

第一节　岭南文化溯源与发展

一、岭南独特的地理环境

要对岭南文化进行溯源，先要了解岭南独特的地理环境，因为文化的产生在很大程度上受地理环境的影响，而岭南的地理环境又非常独特，所以对岭南地理环境进行分析非常有必要。针对岭南地理环境的分析，可以从地形地貌、气候、水文三个方面着手。

（一）岭南的地形地貌

岭南在整体上呈现出北高南低的地势特点，这是因为岭南北部的山脉较多，如粤东的九连、莲花山脉，粤西的云雾山脉，粤桂边界上的云开山脉，等等。岭南的平原主要集中在沿海地区，如珠江三角洲、韩江三角洲是岭南的主要平原。总体而言，岭南地形以山地和丘陵为主，约占全部陆地面积的80%，而山地又主要由花岗岩、红砂岩构成，在经过长期的风化侵蚀后，形成了独特的地貌景观，如广东的丹霞山、海南的天涯海角。岭南南部毗连南海，岛屿众多，有着漫长的海岸线，海上交通非常便利。

（二）岭南的气候

岭南地处东亚季风气候区南部，具有热带、亚热带季风海洋性气候的特点。岭南日照时间长，光照充足，太阳辐射量大，年平均气温在20℃。受海洋暖湿气流的影响，岭南雨水量充沛，大多数地区的年降水量在1500 ml以上，非常适宜植物的生长，所以岭南的植物资源非常丰富，而这就为动物的生长提供了非常有利的条件，使得岭南成为全国动物最繁盛的地区之一。

（三）岭南的水文

岭南雨水充沛，地下水位较高，河流纵横。岭南有我国第三长河流——珠江。珠江水系共有大小河流774条，总长36000多千米，这为岭南的航运带来了优越的条件。除珠江之外，岭南还有许多独流入海的河流，如粤西的鉴江、漠阳江，海南岛的昌化江、南渡江，广西的南流江、钦江，等等。总之，岭南的河流众多，且流量很大，水资源非常丰富，在促进岭南经济与文化发展上发挥了重要的作用。

二、岭南文化的开端

如果对岭南文化进行追溯，大致可追溯至原始社会时期，虽然此时岭南文化的概念还没有产生，但在岭南这一地域内已经开始形成文化，只是其文化发展的速度非常缓慢，一直到周朝初期才完成原始文化的进化，这也是岭南文化的起源。具体而言，这一过程大致可分为四个阶段：早期智人阶段、晚期智人阶段、母系氏族公社阶段、父系氏族公社阶段。

（一）早期智人阶段

岭南地区早期智人的代表为广东地区的"马坝人"，距今已有十几万年，是直立人转变为早期智人的重要代表。虽然在马坝人遗址中没有发现文化遗存，但该阶段揭示了广东地区人类进化的历史，它也是岭南文化得以发芽的一粒重要的种子。

（二）晚期智人阶段

根据在一些晚期智人遗址中发现的文化遗存，如石器、骨器等，可以推测，该阶段的人类已经掌握了一些制作工具的技术，并且在制作方法上也比较丰富，不仅有直接制作法，还有间接制作法。与此同时，该阶段的人类还掌握了钻木取火的技术，这也是促进该阶段人类文明发展的一个重要因素。岭南地区晚期智人的代表为广西地区的"柳江人"，此时期人类已经与动物区分开，开始步入原始氏族公社的雏形阶段。

（三）母系氏族公社阶段

母系氏族公社是以母亲的血缘关系构成的原始社会的基本单位，其主要特征是：妇女居于支配地位，丈夫居于妻方，辈分以母系计算，财产由母系继承。[①]岭南地区的母系氏族公社阶段大约在 1.6 万～1.2 万年前，几乎是与中原地区同一时期进入母系氏族公社。岭南地区的母系氏族公社主要有如下几个特征：

其一，以穴居为主，已经学会用火去烧烤食物和预防野兽的侵袭。

其二，工具的种类增多，且制作的工艺比较细致，尤其用于农业和渔猎的工具更是多样。

其三，陶器的种类开始增多，制陶工艺也有了进步，并开始带有艺术的思想。

进入母系氏族公社阶段后，岭南地区的文化开始萌芽，初步显现出岭南原始文化的一些重要特征。

（四）父系氏族公社阶段

岭南地区在距今约 4500 年前进入父系氏族公社阶段，其时间比长江、黄河流域大约晚 600～700 百年。岭南地区的父系氏族公社主要有如下几个特征：

其一，原始手工业开始出现，手工业产品制作的技术更加精细。在众多遗址中，发现了大量由象牙、水晶、骨等制成的原始工艺品。

其二，制陶技艺更加成熟，出现了陶窑，大大提高了陶器的质量。

其三，农业经济与渔猎经济进一步发展，成了该地区两个主要的经济文化。

其四，开始出现产品交换，说明商品意识已开始萌芽。

到父系氏族公社阶段，岭南文化基本完成了原始文化的进化，为后面岭南文化的发展奠定了基础。另外，在上述发展过程中，由于岭南与其他地区的交流很少，因此岭南文化在发端期基本处于独立发展的状态。后来，随着岭南与其他地区交流的增多，岭南文化的发展开始出现融合的趋势，具体情况笔者将在下文进行详细的论述。

---

① 隆炜.中国通史［M］.北京：档案出版社，1999：5.

三、岭南文化的发展

从西周初期开始，岭南文化与其他地区文化的交流开始增多，岭南文化的发展进入一个新的阶段，这一阶段一直延续到民国时期。具体而言，该阶段岭南文化的发展大致可分为三个阶段，如图1-1所示。

第一阶段
百越文化圈期

第二阶段
汉越文化融合期

第三阶段
中西文化碰撞期

图1-1 岭南文化发展的三个阶段

（一）第一阶段：百越文化圈期

该阶段大约起始于西周初期，结束于战国晚期，其文化的典型代表是青铜器和干栏式巢居建筑。与岭南文化独立发展的阶段相比，虽然该阶段的文化主体仍旧是岭南的土著文化，但与周边各族的交流明显增多，甚至开始与中原文化进行交流。当然，在岭南文化独立发展期，岭南地区与周边各族也有交流，只是交流非常有限，所以文化间的影响也是很小的。而进入周朝初期，这种影响开始扩大，该阶段的岭南文化与独立发展期的岭南文化相比，已经发生了质的变化。从楚文化和中原华夏文化的角度看，对其以外的南方文化一概视为非正统的"百越文化"，因此，我们将该阶段称为"百越文化圈期"。

在该阶段，由于岭南地区与周边地区以及中原地区的交流逐渐增多，其多元的文化格局开始出现雏形，但该阶段仍旧是以岭南自身的根本文化为主体。

（二）第二阶段：汉越文化融合期

从秦始皇统一岭南地区之后，岭南文化汉越融合的步伐开始加快，一直到清朝中期，岭南地区的文化一直都在进行融合。当然，在不同的时期，其文化融合也存在一定的差异。

（三）第三阶段：中西文化碰撞期

自19世纪中期起，西方国家对中国的影响开始加强，而岭南由于地处祖国的南端，所以与西方国家的接触相对较早，受西方文化的影响也相对较大。在西方资本主义思想和物质文明的猛烈冲击下，岭南文化在这"千年未有"的大变革中受到了剧烈地震荡。具体而言，在中西文化的碰撞中，岭南文化受到的影响主要体现在如下两个方面。

1. 政治上的冲击

在西方文化进入岭南地区之前，该地区的政治文化以封建制度为主，而在西方民主政治文化的影响下，民众的自由意识开始觉醒，他们开始反抗封建社会的专制统治，在政治观念上表现出鲜明的进步性。

2. 经济上的冲击

受西方商品经济的影响，岭南开始走"兴办实业""加强海内外贸易""发展民族工商业""引进外资"的道路，并取得了不错的成绩。比如，继昌隆缫丝厂（我国第一家民族资本主义工业）、广州电灯公司（我国第一家电灯公司）、广东机器局、广州机器制布纺纱官局，等等，都是在这一时期创办的，这说明岭南已经初步迈进了近代化的行列。

四、现代岭南文化的确立

1979年，中共中央将广东作为全国综合改革的实验区，其目的是充分发挥广东"窗口"的作用，利用广东毗邻港澳的优势，能够更好地引进外资和国外的先进技术。在改革开放的大背景下，岭南文化焕发出勃勃生机，并在与现代文化的融合中实现了进一步的发展，最终发展为当前我们所熟知的现代岭南文化。如今，岭南文化以其独特的文化体系依旧影响着岭南地区，甚至影响着我国其他地区。具体而言，现代岭南文化突出表现为如下两个特征。

（一）现代岭南文化的多元性

如今，岭南文化在融合现代文化之后，其文化的多元性又进一步凸显；同时，现代文化的融入又使岭南文化注入了新鲜的血液，使得岭南文化在新时代得以焕发出新的生机。其实，文化作为时代发展大背景下的一项内容，时代的发展也必然影响文化的发展，只有适应时代的发展，并融合时代发展的内容，才能不断焕发出新的生机，从而促使文化不断地发展和进步。显然，岭南文化很好地融合了现代文化，这体现了岭南文化的兼容性，也使得岭南文化发展成为更多、更广、更成体系的文化系统。

（二）现代岭南文化的创造性

现代岭南文化具有高度的创造性，它在现代文化的影响下，积极吸收现代文化中的积极因子，同时与传统岭南文化资源进行有机地结合，并在保留传统岭南文化因子的基础上有机地融合了现代文化中的积极因子，这是现代岭南文化高度创造性的一种体现。蒋述卓等人在《新岭南文化与广东文化产业的内涵建设》一文中也指出："从资源文化层面上，新岭南文化是对传统岭南文化资源的挖掘和开发，将广东新人文精神与岭南传统文化资源相结合，创造出具有新岭南文化特色和高度的文化创意、文化符号和文化产品，形成新时代具有岭南文化风格和内涵的新岭南文化。"[①] 由此可见，现代岭南文化不仅仅是对传统岭南文化继承的文化，也是具有高度创造性的文化，更是符合新时代发展特征的文化。

综上所述，依靠独特的地理环境，岭南形成了独具特色的文化体系，而在后来发展的过程中，岭南又不断吸收、融合外来文化，最终发展成如今我们所见的这种文化体系。

第二节　岭南文化的特质

经过长时间的发展，在不断地融合与重组中，岭南文化形成了区别于其他地域的文化特质。具体而言，岭南文化的特质主要体现在如下几个方面，如图1-2所示。

---

① 蒋述卓,郑焕钊.新岭南文化与广东文化产业的内涵建设[J].探求,2014(1):69-76.

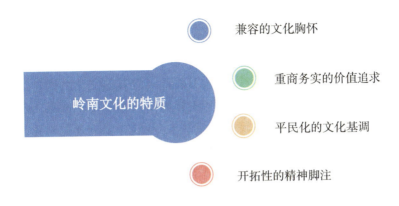

图 1-2　岭南文化的特质

一、兼容的文化胸怀

由于岭南文化发展的过程本身就是一个兼容并蓄的过程，因此兼容性是岭南文化一个重要的特质。根据前文对岭南文化发展的论述可知，自秦始皇统一岭南之后，岭南文化便开始与其他文化进行融合。在早期，岭南文化首先与周边各族文化融合，其中受吴越文化和楚文化的影响最为深刻；后来，随着中原文化影响力的扩大，也开始影响岭南文化，并在影响中逐渐实现融合；再后来，当西方资本主义文化传入岭南后，岭南文化再次受到了巨大的震荡。在上述所说的文化影响中，岭南文化吸收了诸多中原文化的因子和外来文化的因子，并将这些因子融入本土文化中，这彰显了岭南文化所具有的兼容性。

岭南文化的兼容性体现在诸多方面，包括饮食、民俗、建筑、艺术、宗教、商贸，等等。例如，在商贸上，岭南的广东在历来都是我国对外交流的一个重要窗口，商贸往来发展非常频繁。在《新唐书·逆臣下》中便有记载："巢又丐安南都护、广州节度使，书闻，右仆射于琮议：'南海市舶利不赀，贼得益富，而国用屈。'"由此可见，在唐朝时期，广州便呈现出一种开放繁荣的场景，而频繁的贸易往来，又进一步增强了岭南开放、兼容的文化态势。后来，在与西方国家的交流中，岭南在贸易上的开放性与兼容性又得到了进一步的体现。比如，上文提到的继昌隆缫丝厂（我国第一家民族资本主义工业）、广州电灯公司（我国第一家电灯公司）、广东机器局、广州机器制布纺纱官局，等等，都体现了岭南"兴办实业""加强海内外贸易"的贸易方针，也正是这种开放、兼容的贸易态度使得岭南率先迈入了近代化的行列。

在中华文化的谱系中，岭南文化的一个重要特征就是具有兼容性。它不仅保持着本土文化的特色，还在不断地吸收其他文化的因子，并将这些文化因子兼容并蓄，最终形成了极具岭南特色的文化体系。正如李权时在《岭南文化现代精神》一书中所说："无论是对内还是对外，岭南文化都呈现出一种兼容的常态，以宽阔的胸怀拥抱南北来风，吸纳新鲜空气。它的兼收包容也浸润着一种世俗的宽容精神。正是这种兼容的特性，使岭南文化从历代南迁的移民身上不断摄取营养。依赖这不竭的营养之流，岭南文化不断地发展，不断地创造着辉煌。"[1]

二、重商务实的价值追求

在岭南文化保留的诸多本土元素中，一个重要的元素就是务实，即讲求实效。中原文化以儒家文化为主体，在儒家文化中，有务实的元素，但相较于务实而言，儒家文化更强调道德等精神层面的追求。当儒家文化进入岭南之后，的确在岭南产生了很大的影响，但并没有改变岭南务实的价值追求，这与岭南独特的地理位置有关。在远古时代，岭南的环境十分恶劣，所以当时的居民为了生存，第一要务就是要获取生活资料，这就在岭南人的身体里留下了"关注实效、注重实干"的基因。与此同时，岭南具有悠久的重商传统，而商业的核心就是务实。在上述几种因素的影响下，岭南文化中务实的价值追求一直没有被改变。

提到重商，从某种层面上来说，重商不仅是导致务实的一个重要因素，还是务实性的一个重要表征。而在岭南文化中，尤以潮汕文化和广府文化中的重商性体现得最为显著。

在浓烈的商业氛围下，岭南人务实的价值追求进一步深化，并逐渐渗透到岭南的各个角落。正如李杨在《岭南文化的特征及其作用》一文中所说的那样："长期的商业贸易活动，使交换的价值观念渗透到社会各个角落，'崇利'的商业思想萌芽逐渐突破传统农业文化的土壤。中原农业文化的'贵义贱利'观被淡化。"[2]

---

① 李权时.岭南文化现代精神[M].广州：广州出版社，2001：41.

② 李杨.岭南文化的特征及其作用[J].汕头大学学报,1988(Z1):37-41.

岭南文化的务实性除了体现在商业上，在农业上也有所体现，而且受重商传统的影响，岭南的农业也带有一定的商业色彩。在唐代刘恂的《岭表录异》中便有记载，岭南人在种植水稻时"即先买鲩鱼子散于田内。一二年后，鱼儿长大，食草根并尽，既为熟田，又收鱼利。乃种稻，且无稗草"。这种模式在岭南的农业中非常常见，甚至还衍生出了多种模式，如桑基鱼塘、蔗基鱼塘、果基鱼塘等模式。这些模式不但蕴含生态思想，而且能够带来更多的利益，体现了浓重的商业意识。

总而言之，在价值追求上，与中原文化中的"重本抑末""重农抑商"等观念相比，岭南文化始终强调重商务实的观念（当然，二者没有可比性，哪一种观念都有其存在的现实依据和时代价值），并且这种价值追求也成为其文化的重要特质。

三、平民化的文化基调

岭南文化平民化的文化基调主要体现在两个方面：一方面，岭南文化具有平民化的享乐性，即关注人民大众的需求，以满足人民大众的感官享受为主，所以其审美性中充满了世俗的享乐情调，强调对快乐、舒适、美好生活等需求的满足；另一方面，岭南文化植根于民间，如珠江三角洲民间流行的粤曲、粤剧等，在民间广为流传，深受人民大众的喜爱。丰富的民间艺术文化赋予了岭南文化别样的风情，这些民间艺术文化也成了我国宝贵的非物质文化遗产。

这些文化基调使得岭南人更加注重现实生活，注重现实幸福的实现，反映在思维方式上，岭南文化便呈现出一种直观性。即在文化活动的选择上，岭南人更倾向于用直观性的方法去判断，而很少诉诸抽象的概念、范畴和理性的思辨。虽然相较于中原文化而言，岭南文化少了一些思辨性和深刻性，但这种平民、世俗的文化基调也激发了岭南人对人的意义、人的价值和人的幸福追求的思考。

概而言之，理念文化的"文化范式、文化主题、文化思想、文化内容、文化形象、文化术语无一不是人，尤其突出的是百姓众生。它的聚焦点不是王宫贵族，不是军人勇士，不是官吏豪绅，也不是富翁大款和社会精英，而是社会平民，也就是说它最为关注的是广大民众。人本主义、人本哲学是岭南文化的灵魂，它像一根红线贯穿于岭南文化的始终"。①

四、开拓性的精神脚注

岭南文化的开拓性在岭南近现代的发展史上体现得尤为明显。首先，岭南率先接受外来文化，并积极吸收外来文化中的积极因子。这不仅促进了岭南经济的发展，还进一步促进了岭南文化与外来文化的融合。到19世纪中叶，中西文化开始出现碰撞，而岭南作为中国对外的一个窗口，在此次的文化碰撞中发挥了非常重要的作用。也正是在中西文化的碰撞中，岭南人提出了时代的新命题。例如，洪仁玕第一个提出资本主义改革纲领，郑观应最早提出商战理论，康有为、梁启超提出维新变法，孙中山提出中国资产阶级民主革命纲领……这些都是带有重大历史意义的时代新课题，为推动近代中国的发展发挥了重要的作用。

其次，岭南作为改革开放的先锋，率先进行了革命性的探索和尝试。在十一届三中全会上，我国重新确定解放思想、实事求是的思想路线，并确立了改革开放的政策。随后，广东成为改革开放的试验区，而在全国五个经济特区中，岭南便占了四个（深圳、珠海、海南、汕头）。在此次的试验中，岭南对市场经济进行了实践，并转换企业经营的机制，取得了丰硕的成果，起到了良好的示范作用。

开拓进取，敢为人先。岭南文化中所具有的开拓性的精神脚注使得岭南在近现代的发展中一直处于先锋的地位，并且取得了丰硕的成果，其在各方面发展中所起到的示范作用对整个中国的发展都起到了非常重要的作用。

第三节　多元化的岭南文化

根据前文的论述可知，多元化是岭南文化的一个重要特质。如果对岭南多元的文化做进一步的剖析，笔者认为可以从岭南文化的门类和岭

① 李权时.论岭南文化工具主义——兼论岭南文化的现代转换[J].广东社会科学,2009(4):52-57.

南文化的区域构成这两个层面进行，见图1-3。

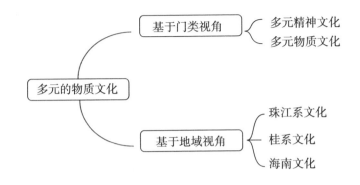

图1-3　多元的岭南文化

一、基于门类视角下的多元的岭南文化

就岭南文化丰富的门类而言，笔者认为可以将其大致归纳为两类文化：一是物质文化，二是精神文化。

（一）岭南多元的物质文化

就物质文化层面而言，岭南物质文化多元并存的格局主要由服饰、饮食和民居等几方面组成。

1.服饰

服饰是人们日常生活的重要组成部分，也是物质文化的重要组成部分。岭南的服饰具有强烈的地域特点，在服饰的材料和服式上都有所体现。

（1）衣料。在服饰的材料上，由于岭南气候炎热，所以服饰材料讲究轻薄和透气。常见的服饰材料有夏布、竹布、蕉布和薯莨布等。

①夏布：这是一种以葛（一种多年生的蔓草植物）为主要原料制成的衣料，其质地轻且薄，有"如蜩蝉之翼"的说法，非常适合制作热带服饰。

②竹布：这是一种以小桂（一种竹类）为主要原料制成的衣料，其透气性高，吸湿性强，也非常适合制作热带服饰。

③蕉布：这是一种以蕉麻（一种生长于热带和亚热带的植物）为主要原料制成的衣料，质地轻，透气性强，有"广人颇重蕉布"的说法。

④薯莨布：这是一种岭南特有的衣料，出现于明清时期，是一种丝织衣料。它是一种用纯植物染料染色而成的真丝绸面料，在国内以及国际市场上广受青睐。

（2）服式。在服式上，比较有特色的服饰有妈祖装、水布和筒裙等几种。

①妈祖装：妈祖装是用薯莨布制作而成的，是岭南地区最具特色的一种服饰。其款式为上衣长及臀部，大衣襟，无领，右衽布扣，前襟有缘饰，裤裆比较大，裤长到小腿，裤腰处配一些银器之类的饰物。

②水布：从严格意义上说，水布并不能称之为一种服式，但因为在田地劳作时经常被作为一种简单的服饰穿在身上（田地劳作时汗水和污垢很多，水布既可以遮羞，也方便洗澡和擦汗），所以也可看作岭南的一种特色服饰。如今，水布已经退出了岭南人的生活，成了岭南服饰的历史。

③筒裙：筒裙也是岭南地区一种颇具特色的服饰，多见于岭南少数民族之一的黎族。在中华人民共和国成立之前，筒裙在男女服饰中非常常见，中华人民共和国成立后，黎族男人的服装基本改为汉装，但妇女的筒裙保留了下来。筒裙的裙头裙脚同样宽窄，无褶无缝儿，状似布筒，所以称为筒裙。如今，筒裙的样式变得愈加丰富，已演变成千姿百态的时装。

2.饮食

正所谓"人以食为天"，作为人们生活中不可或缺的一项内容，饮食同样是物质文化的重要组成部分。岭南的饮食文化也非常多元，仅仅粤菜就至少包含广府菜、潮州菜和客家菜三大菜系。此外，潮汕的工夫茶也非常有特色。

（1）广府菜。广府菜是粤菜的代表，其最突出的特点是选料之广博和奇异，几乎所有可以食用的东西都可以作为广府菜的材料。除选料广博和奇异之外，广府菜还讲究用料的鲜活，这样可以最大限度地保证食物的鲜味。在味道上，广府菜以清淡为主，这主要与其炎热的天气和古朴的民风有关。

（2）潮州菜。潮州菜在吸收闽菜和粤菜的特色之后，自成一派，形成了自己独特的风格。潮州菜讲究菜肴的搭配，如荤与素的搭配、甜与咸的搭配、菜与汤的搭配等。潮州由于水产资源丰富，因此其菜肴以烹饪海鲜见长。潮州菜讲究刀工，注重烹调技艺的精细，烹调的方法也很多。其中，以淋、炊（蒸）、泡等九种方法最为著名。

（3）客家菜。岭南地区的"客家人"是相对于岭南本土的居民而言的，是指从中原地区移民至岭南的居民。虽然客家人在饮食上受本土居民的影响发生了一些变化，但在菜肴的风味上仍旧保留了中原的特色。因此，在烹调方法上，客家菜继承了北方菜烹调的特点，以炖、烧、焗、煲为主，尤以砂锅菜最为见长。

（4）潮汕工夫茶。潮汕工夫茶是从明朝一直流传至今的一种饮茶习俗，"工夫"二字起初表示的是一种茶的名字，后来演变为一种泡茶的技法。工夫茶的核心在茶的烹法上，其方法有"十法"（活火、虾须水、拣茶、装茶、烫盅、热罐、高冲、盖沫、淋顶与低筛）之说，也有"八法"（治器、纳茶、候汤、冲茶、刮沫、淋罐、烫杯、洒茶）之说。无论哪种方法，都需要一气呵成，并且在沏好茶后，饮茶也需要注重礼节。

3. 民居

广府民居、潮汕民居和客家民居是岭南三大传统民居，在此仅简要介绍这三种民居。

（1）广府民居。在广府民居中，最具代表性的就是西关大屋、竹筒屋和骑楼。

①西关大屋：西关大屋是指建造于西关的大型住宅。这些住宅通常为豪门富商建造，房屋高大明亮，装饰精美，其平面布局与中原传统的正堂屋形式相像，基本上都是向纵深方向展开。

②竹筒屋：竹筒屋是近代广州常见的一种住宅形式，其出现与19世纪上半叶广州的快速发展有关（导致地价上升）。竹筒屋的门面较窄，一般不超过5米，但进深较大，通常都超过10米，有的甚至达到20米～30米，其狭长之状似竹筒，因此而得名。

③骑楼：骑楼是一种临街而建的建筑，其特点是上宅下店（楼上住人，楼下开店），该种建筑形式在20世纪初的广州非常流行。骑楼将建筑的商业功能和居住功能有机结合在一起，体现了岭南文化实用性的特点。

（2）潮汕民居。潮汕民居的类型非常丰富，常见的主要有四种形式：

四点金、下山虎、百凤朝阳和驷马拖车。

①四点金:四点金是潮汕独有的一种民居形式,因其四角上各有一间如"金"字的房间压角而得名。就其院落的格局而言,与北京的四合院有几分相似。

②下山虎:该类建筑形式在潮州的乡村比较常见,其建筑格局为前低后高,好似一只下山的老虎,因此而得名。

③百凤朝阳:这是一种大型的民居,其格局类似两个四点金的合并,与客家围龙屋也非常相似。

④驷马拖车:这是一种大型的复合单元建筑,其格局很像四匹马拉着一辆车子,因此有"驷马拖车"之名。

(3)客家民居。客家民居中最具特色的就是围龙屋,虽然统称为围龙屋,但其实各地的围龙屋之间存在着一些差异。围龙屋是客家文化的重要象征,其蕴含着丰富的客家文化,也从某个方面展示着客家的人文历史。从整体格局上看,围龙屋是一个圆形建筑,主体建筑有"三栋二横"、一围层和"三栋四横"、二围层等形式。围龙屋的设计融实用性、科学性和观赏性等理念于一体,彰显了客家人高超的建筑技术。

(二)岭南多元的精神文化

岭南精神文化也是多元并存的格局,笔者在此着重介绍民俗文化和民间工艺两个方面。

1.民俗文化

岭南文化地区包含广府民系、客家民系和潮汕民系等诸多民系,而不同民系形成和发展的历史背景、地域等存在很大差异,这使得各民系之间的风土人情出现了较大的不同,也使得岭南地区的民俗文化显得多姿多彩。

(1)岁时节令习俗。岭南地区的很多节日与中原地区相同,如春节、端午节、七夕节、中秋节、重阳节等。虽然节日相同,但在习俗上却存在一些差异。比如,在端午节有赛龙舟的习俗,但在岭南地区却有着一套特殊的程式,包括"起龙"("起龙"就是将上一年埋在河底的龙舟挖出来,并整修涂油)、"扒龙船"(岭南地区的"扒龙船"有"趁景"和"斗标"两类,"趁景"是指各条龙舟做一种技巧性表演,不排名次,在各乡轮流举行，每天一景；"斗标"则是指龙舟竞赛，在每个龙舟的船头都雕刻一个木雕龙头，形态各异）等。另外，在岭南地区也有一些与中原地区不同的节日，如盂兰盆节、三月三等。在不同的节日，其习俗的地域性更加显著。

（2）婚姻习俗。俗话说：男大当婚，女大当嫁。婚姻作为人生中的一件大事，自古至今，人们对它的仪式都非常重视。在岭南地区，不同民系之间在婚姻习俗上也存在一些差异。广府民系比较讲究婚礼的程式，从早晨的接新娘到晚上的婚宴，每一步都有固定的程式，不能改变。潮汕民系的婚礼仪式中保留了传统的"六礼"（即纳采、问名、纳吉、纳征、请期、迎亲），程式较多。客家民系的婚礼仪式中则较多地保留了中原传统，同时由于客家人的宗族仪式感较强，因此婚礼一般在祠堂中举行。除了上述婚姻习俗外，在岭南地区还有一些特殊的婚姻习俗，如"不落家"，即女子婚后不在男方家居住，仍旧在母家居住，这种习俗体现了岭南地区女子自立自强的一面。

2. 民间工艺

岭南地区民间工艺的种类很多，其中比较具有代表性的有粤绣、潮州木雕和石湾公仔。下面简要介绍一下这几种民间工艺。

（1）粤绣。粤绣指岭南地区的手工刺绣品，包括广绣和潮绣两大类。广绣指广州、南海、顺德、番禺等地的刺绣品；潮绣指汕头、潮安、澄海等地的刺绣品。广绣在工艺上讲究华丽的效果，其构图饱满，色彩浓郁，装饰的花纹繁复且丰满。潮绣在工艺上讲究纹理的清晰，其构图饱满，色彩浓艳，装饰性强，以富有浮雕效果的垫高绣法独异于其他绣法。

（2）潮州木雕。木雕是以各种木材为材料进行雕刻加工的一种工艺形式，在我国传统雕刻艺术中占有非常重要的地位。岭南地区的潮州木雕有着悠久的历史和完整的体系，其工艺精湛，题材丰富，具有浓郁的地方特色。潮州木雕的种类繁多，依据其用项来划分，可分为建筑用木雕、家具用木雕和案头摆设用木雕等。就雕刻技法来讲，潮州木雕有沉（凹）雕、浮（凸）雕、圆（立体）雕、通雕（多层）和锯通雕（单层）五种，其中以通雕最为卓越。这是一种吸收了浮雕、圆雕等的技法而融汇成的综合性技法，在木雕发展史上具有划时代的意义。

（3）石湾公仔。这是一种具有传统特色的陶瓷工艺品，产于中国广东佛山石湾镇，因此而得名。石湾公仔的创作植根于民间，其作品充满着质朴、浑厚、率真、粗犷的审美情趣。在施釉上，石湾公仔别具一格，其釉色浑厚斑斓，造型生动传神。石湾公仔在发展的过程中同岭南文化一样，兼收并蓄，并逐渐形成了自己的风格，成为中国陶瓷艺术史上的一朵奇葩。

二、基于地域性视角下的多元的岭南文化

从地域上来说，岭南文化大体分为珠江系文化、桂系文化和海南文化三大板块，其中，珠江系文化中的广府文化、潮汕文化和客家文化又是当今岭南文化的主体。因此，在本小节的论述中，笔者将以珠江系文化作为主体展开论述。

（一）珠江系文化

珠江系文化主要由广府文化、潮汕文化和客家文化组成，这三种民系文化也是岭南文化的主体。

1.广府文化

广府文化因其地域上的优势（广府文化的中心城市是广州，而广州自古就是岭南的文化中心）和人口上的优势，在岭南文化中，一直处于强势文化和主流文化的地位，并影响着周边的地区。就文化特征而言，广府文化同岭南文化有着较高的相似性，表现出高度的开放性和兼容性。

2.潮汕文化

潮汕文化是在"潮汕"这个地方生长起来的文化，所以潮汕文化是典型的区域性文化。作为岭南文化的组成部分，潮汕文化特色极为鲜明，可谓独树一帜。它既是中原文化、土著文化、闽越文化、海外文化多元交融的产物，又蕴含着传统农耕文化、近现代商业文化以及海洋文化，可谓融多元文化因子于一身，在中国的地域文化中占有非常重要的地位。

3.客家文化

客家人属于汉族民系，也是汉族分布较广的民系之一，目前分布在广东、广西、福建、湖南、江西、台湾等省区。客家族群的形成与中原地区常年的战乱有关，为了躲避战乱，生活在黄河流域的人迁徙至岭南地区，他们或者与当地族群融合，或者与自己的族群聚居，最终形成了

客家这一民系。在客家民系形成的过程中，一方面保留和传承着中原的优秀传统，一方面又接受当地文化的影响，并逐渐将本土文化融入中原文化中，形成了独特的客家文化。具体而言，客家文化的特征突出表现为如下两点。

（1）崇先敬祖。客家民系是客家先民从中原千里迢迢迁徙到岭南形成的，所以客家人对自己的"由来"有着非常特殊的情感，具有强烈的"自我认同"的倾向。因此，从古至今，在客家的文化中一直存在着一种崇先敬祖的文化传统，而在其诸多的表现中，祠堂文化是最具代表性的。客家人几乎每个族氏都有自己的祠堂，祠堂中放置着祖先的牌位，有些家族较大或者历史比较悠久的族氏，祠堂中甚至陈列着上百块牌位，蔚为大观。祠堂的作用主要是崇敬和祭祀祖先，无论是在一些重要的节日还是在婚嫁时，人们都要到祠堂中祭拜，以此来表示对祖先的崇敬。

（2）崇文敬教。客家人属于汉族民系，非常推崇儒家的文化，并恪守"仁、义、礼、智、信""天、地、君、亲、师"等信条。时至今日，在客家中仍流传着"不读诗书，有目无珠""生子不读书，不如养大猪"等俗语。为了保障后代子孙有书读，客家很多族氏都将祠堂作为私塾用。直到今天，仍旧有一些乡村的小学是在祠堂中。客家人还将一些有关刻苦读书的古训或者故事刻在门前的碑石上，以此来鼓励学生勤奋好学。上述这些，都在一定程度上反映了客家文化崇文敬教的文化特征。

（二）桂系文化

桂系文化主要指广西地区形成的文化，虽然与其他支系的文化同属于岭南文化，但由于广西的地理环境与广府、潮州、海南等地相差较大，且其贸易形势也与上述地区有着较大的差别，这就使得桂系文化也呈现出独有的特征。

（三）海南文化

海南文化作为岭南文化的组成部分，是指海南方言的文化，它也是岭南文化中地域范围比较清晰的一个支系。由于海南外来迁入的人也很多，所以海南文化也是不同民族、不同民系文化的结晶。

第四节　岭南文化在中国传统文化中的地位

通过前文对岭南文化的阐述，我们已经对岭南文化有了初步的认识，如果将其放到中国传统文化的范畴内，进一步分析其在中国传统文化中的地位，首先需要我们对中国传统文化作一个解读，然后再分析岭南文化在中国传统文化中的地位。

一、中国传统文化解读

（一）中国传统文化的概念

不同学者对中国传统文化概念的界定存在一些差异。比如，潘万木等人在《简明中国传统文化》一书中指出，中国传统文化是指在长期的历史发展过程中形成和发展起来的，保留在中华民族中具有稳定形态的中国文化里，它包括思想观念、思维方式、价值取向、道德情操、生活方式、礼仪制度、风俗习惯、宗教信仰、文学艺术、教育科技等诸多层面的丰富内容。[①]再如，缪德良等人在《中国传统文化要略》一书中指出，中国传统文化就是数千年来中华民族所创造的物质文化、制度文化和精神文化，可以说中国传统文化是中国文明历史长河的文化积淀，包括了中国历史发展各个时期的文化积累。[②]

虽然不同学者针对中国传统文化概念的界定有所差异，但综合分析他们的论述，可以归纳出中国传统文化所具有的几项重要特征。

（1）历史悠久：中国传统文化是在长期的历史发展进程中形成的，具有五千年悠久的历史。

（2）博大精深：博大是指中国传统文化所包含内容的广泛性，包括思想观念、思维方式、价值取向、道德情操、生活方式、礼仪制度、风俗习惯、宗教信仰、文学艺术、教育科技等诸多层面的丰富内容；精深

[①]　潘万木，杨文胜，吴浪平.简明中国传统文化：第3版[M].武汉：华中科技大学出版社，2019：8.

[②]　缪德良.中国传统文化要略[M].上海：华东师范大学出版社，2002：4.

则指中国传统文化蕴含的丰富内涵，无论是从微观上对个人的发展，还是从宏观上对国家的发展，中国传统文化都发挥了重要的作用。

（3）民族特色：中国是一个多民族共存的国家，每个民族的文化都是中国传统文化的重要组成部分，这就使得中国传统文化具有非常突出的民族特色。

综上所述，笔者认为中国传统文化的概念可以进行如下界定：中国传统文化是在长期的历史发展过程中形成和发展起来的，包括思想观念、思维方式、价值取向、道德情操、生活方式、礼仪制度、风俗习惯、宗教信仰、文学艺术、教育科技等诸多层面的丰富内容，它兼集八方智慧，综汇百家之长，对促进中华民族的发展发挥了重要的作用。

（二）中国传统文化的主要内容

从中国传统文化的概念可知，中国传统文化包括思想观念、思维方式、价值取向、道德情操、生活方式、礼仪制度、风俗习惯、宗教信仰、文学艺术、教育科技等诸多层面的丰富内容，如果对这些内容做进一步的概括，大致可从物质文化、精神文化和制度文化三个方面进行解读，具体内容如图1-4所示。

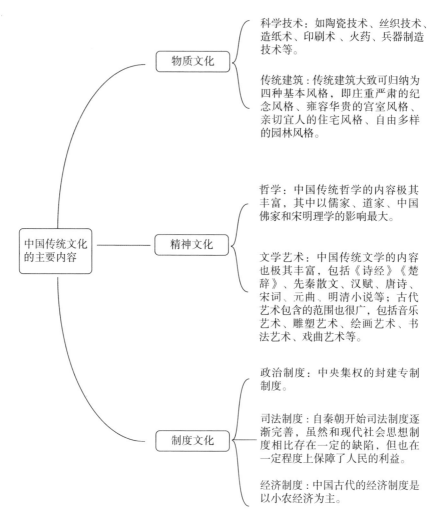

科学技术：如陶瓷技术、丝织技术、造纸术、印刷术、火药、兵器制造技术等。

传统建筑：传统建筑大致可归纳为四种基本风格，即庄重严肃的纪念风格、雍容华贵的宫室风格、亲切宜人的住宅风格、自由多样的园林风格。

哲学：中国传统哲学的内容极其丰富，其中以儒家、道家、中国佛家和宋明理学的影响最大。

文学艺术：中国传统文学的内容也极其丰富，包括《诗经》《楚辞》、先秦散文、汉赋、唐诗、宋词、元曲、明清小说等；古代艺术包含的范围也很广，包括音乐艺术、雕塑艺术、绘画艺术、书法艺术、戏曲艺术等。

政治制度：中央集权的封建专制制度。

司法制度：自秦朝开始司法制度逐渐完善，虽然和现代社会思想制度相比存在一定的缺陷，但也在一定程度上保障了人民的利益。

经济制度：中国古代的经济制度是以小农经济为主。

物质文化

精神文化

制度文化

中国传统文化的主要内容

图 1-4　中国传统文化的主要内容

二、岭南文化的地位

在对中国传统文化进行较为详细的解读之后，结合上文对岭南文化的解读，便可以初步判断岭南文化在传统文化中的地位，具体可以从如下两个角度去阐述。

（一）岭南文化是中国传统文化的重要组成部分

从地域范围的角度来看，岭南作为中国领土的一部分，在这片地域中形成和发展起来的文化属于带有地域性的文化，而中国传统文化则是囊括整个中国地域范围的文化，所以岭南文化必然是中国传统文化的一部分。另外，就中国传统文化的组成来看，无论是物质文化、精神文化还是制度文化，在每个层面的文化中也都囊括了岭南文化。比如，在中国传统文化的精神文化中，雕塑艺术中必然包括潮州木雕。由此可见，无论从哪个角度去看，岭南文化都是中国传统文化的重要组成部分。

（二）岭南文化丰富了中国传统文化的内涵

岭南文化作为中国传统文化的重要组成部分，其在发展的过程中与中国传统文化中的其他部分不断地进行相互作用和影响，这就促进了岭南文化以及其他文化的发展，并使得中国传统文化的内涵不断得到丰富。概而言之，中国作为一个地域大国，各种文化共同构成了中国的传统文化，而在各种地域文化发展的过程中，它们之间相互作用、相互影响，不断促进彼此的发展，进而使得中国传统文化的内涵得以不断地丰富。

第二章 当代公共空间设计

第一节 公共空间设计的概念

公共空间设计是针对公共空间的设计，其涉及的内容极为广泛，包括建筑学、艺术学、社会学、环境心理学、建筑物理学、人体工程学、装饰材料学等各个学科。因为公共建筑物均是服务于公众的建筑空间，因此公共空间设计不仅需要考虑到相关的空间环境、视觉环境和物理环境，还需要考虑到公众的生理因素、心理因素乃至艺术需求。

随着中国社会的快速发展，中国经济建设和文化建设都得到了飞跃式的提升，不仅人们的生活水平得到了大幅度提高，而且时间观念和效率观念以及审美观念的提高，都对各类空间环境设计提出了更高的要求。

一、公共空间设计的定义

要了解公共空间设计的定义，首先需要对公共空间和空间设计有相应的了解。

（一）公共空间的内涵

据相关学者研究，公共空间一词源自古希腊，在当时的观念里，公共领域的外在表象就是公共生活空间，而公共生活空间则是通过公共建筑的格局和形态予以体现的。

1. 公共空间的含义

公共空间有广义和狭义的区别，广义的公共空间有两层含义，一层是空间的内容，即相对于私密空间以外的所有场所；另一层则是公共的内容，即进入这些场所的人们，以及在此空间中所进行的各种参与类活动、交流、互动等。①

狭义的公共空间则主要指为公众提供公共使用的日常生活和社会生活的室内空间以及室外空间。具体的公共空间极为丰富多样，包括各种街道、广场、社区户外场地、公园、体育场等。根据公众的生活需求，不同的公共空间也会拥有不同的公共功能，如进行交通、表演、展览、商业交易、运动健身、体育竞赛、消费休闲、观光游览、节日聚会、人际交往等。从其公共开放程度来分析，公共空间还可以分为开放公共空间和专用公共空间两大类，开放公共空间限制较小，如街道、广场、社区绿化场地、街道绿地、公园等；专用公共空间则限制较大，具有较为专有的功能，如停车场、运动场、体育场等。

通俗来理解，公共空间就是不限于经济或社会条件，任何人均有权进入的地方。有些公共空间具有很强的大众服务特性，同时又有极强的运营特性，所以某些空间范围依旧需要购票进入，如乘坐地铁。

从不同的角度来看公共空间，其所涉及的内容也会有所不同，如从城市环境角度来看，公共空间就是公众使用频率较高的空间，包括城市广场、公园、步行街等；从建筑学角度来看，公共空间就是拥有控制者或管理者，但在人员流动方面具有极强不特定性的空间；从社会学角度来看，公共空间和公共领域类似，即公民能够在此类空间中自由参与各种公共事务，其涉及的含义更加贴近于广义的公共空间。

提到不同角度下的公共空间，就不得不着重提一下社会学角度下的公共空间。在现实中完全符合社会学角度的公共空间（即广义公共空间）尚不够成熟，真正成熟的雏形最早出现于虚拟网络空间中，不论是论坛、博客，还是微信、微博等，各类用户在真正意义上打破了年龄、职业、身份、地域的界限，认识到了公共空间最核心的含义：精神认同。这种虚拟公共空间的发展，也在推动着现实中公共空间的完善和成长。真正广义上的公共空间是公众以阅读为中介、以交流为中心、以公共事务为

① 孙皓. 公共空间设计 [M]. 武汉：武汉大学出版社，2011：1-5.

话题的公共交往的空间。如在城市环境角度中，类似地铁、购物中心等公共空间，均有关闭时间，公共图书馆则同样有较大的限制，如避免大声喧哗、避免在馆内就餐等；在建筑学角度中，类似道路、行人通道等公共空间，会针对不同的需求和情况有不同的限制，如行人通道禁止机动车行驶等。

综合而言，公共空间具有三个基本性质。首先，公共空间是作为空间的概念而出现的，这里所说的空间就是纯粹物理意义上的由结构、界面、边缘围合形成，由长宽高三个维度表现出来的工人们活动、生活、工作的空间范围；其次，公共空间必须具备公共性，即属于公众集体活动的空间才具备公共空间的基本意义，也可以理解为是非个体的空间，如剧院空间、社区院落等，均可以用于公众集体活动；最后，公共空间具有一定的共同性，即能够为公众提供一定共同生活需求的服务，如公园能够为公众提供休闲娱乐的空间和服务，运动场能够为公众提供体育锻炼的空间和服务等。

2.公共空间内外部关系

公共空间虽然是具备公共性、共同性的空间，但同样具有内部和外部的分别。公共空间的内部和公共空间的外部是两个不同的概念，它们既有各自相对的独立性，同时也具有很强的联系性。

公共空间的内部，主要指的是公共空间中供给公众使用的内部空间，通常所涉及的是各类建筑的内部空间，包括办公建筑、酒店建筑、商业建筑、医疗建筑、文化建筑等各种公共建筑物的内部空间；另外相对私密的社区建筑中，具有明显公共性的楼梯、走廊、门厅等，也属于公共空间的内部空间范畴。

公共空间的外部，则主要指的是在外在环境、气候、景观等内容，其属于公共空间的内部空间的深化和延伸。从公共空间的建筑本身来看，建筑必须重视其在自然环境中的结构关系、材料选择、构件设计等，以便更好地满足地理位置、气候条件等。公共空间的外部空间则需要从上述内容中反向考虑，以明确各种内容对公共空间内部的影响，包括光线情况、风向情况、温度情况、朝向情况、景观情况、气候情况等，以便将外在环境的各种可用因素作用于内部空间，如采光、升降温、通风、雨雪防护等。

综合来看，公共空间的内外部虽在内容上相对独立，但却具有很强的相关性和互动性，即需要将内外部进行恰当地融合，尤其是内部环境和外部环境的融合，如商业建筑中联系两栋大厦的中间桥梁，就是一种过渡空间，以便将公共空间的内部和外部进行关联。

之所以对公共空间的内外部关系进行分析，是因为其相互关系是设计过程中必须考虑的问题，不仅需要将其作为建筑空间进行考虑，即内外部协调统一会对公众的五感有极大影响，还需要将其看作统一空间来进行考虑，即针对气候、温度、光线等情况来完善公众对公共空间的整体印象，实现整个环境与公共空间环境的和谐。

3.公共空间的空间特征

公共空间的空间形式风格多种多样，类型也极为广泛，使用目的和使用要求也各有不同，但其作为空间依旧具备一些共同的空间特征，主要包括以下六个特征。

（1）景观化。公共空间作为满足公众精神需求和物质需求的综合性空间，其必须符合景观化特征，以便创造可持续发展的生态环境，突出绿色生态理念，从而减少对自然生态环境的破坏。在这样的背景下，就要求公共空间中的绿化、建筑风格、艺术品陈设等，能够在一定程度上满足公众对自然美的追求和亲近自然的生理需求，因此公共空间必须具备景观化特征。

公共空间中的艺术品陈设是打造公共空间自然氛围的重要手段，艺术品主要包括公众日常用品、雕塑、盆景、字画、工艺品等，其内容极为广泛，只要根据需求和审美观念，对不同类型的艺术品进行合理搭配，就能够在很大程度上挖掘和表现出人与自然的和谐氛围。

除艺术品陈设外，公共空间的绿色植物对景观化特征的展现也极为重要，其不仅能够为较为人为化的公共空间提供自然景观，同时能够有效清洁空气，吸附尘埃和杂质等，而且可以通过合理的搭配实现公共空间内外部之间的和谐联系，如通过绿化带引导空间，通过高大乔木联系上下空间等手段，都能够在很大程度上体现出公共空间的景观化特征。

（2）系统化。随着人类科学技术的不断提升和发展，各种各样的科学技术也为公共空间提供了完善的系统化支持，从而令系统化成了公共空间的一大特征。公共空间的系统化，一方面是由逐步发达的科学技术提供保障和支撑，包括各种技术和设备均能够为公共空间提供基础支持；另一方面，公共空间的系统化是保障其使用功能的根基和前提，只有完善的系统化，才能够将公共空间的功能充分发挥出来；最后一方面则是系统化是公共空间舒适、实用的基本手段，尤其是系统体系中的各个子系统，如空调系统、照明系统、电力系统、网络系统、导视系统、安保系统等，都是公共空间必不可少的相对独立又彼此联系的重要内容。

（3）高新技术。随着高新技术的快速发展和普及，公共空间也开始逐步具备完善的高新技术特征，其能够为公共空间带来创新变化、造型奇特的新兴表现，从而提高公共空间的服务性，推动其内容更加完善。尤其是随着绿色生态观念、节能减排观念、减少污染和防治污染观念的普及，很多以此为核心的高新技术开始被应用到公共空间之中，从而使公共空间的高新技术特征变得愈发明显。

公共空间的高新技术特征主要体现在三个方面，一是数字化技术，不仅体现在公共空间建设和设计过程中，以三维模型等数字化技术研究其形式、功能等，还体现在公共空间外在表现的投影、声光管控等方面；二是营造工艺的高新技术，包括使用先进的结构、材料、设备、工艺等，如大跨度支撑结构、"PV"光电板、透明绝热材料、自动化建造、"3D"打印技术等，均能够通过高新技术为公众打造更加舒适的公共空间；三是空间扩展技术，即空间应用能力和交互能力越来越强，能够根据需要对公共空间进行适当的扩展，却不会对其正常使用产生影响，甚至其中的空间还能够进行灵活划分和组合。

（4）信息化。所有公共空间都需要承载大量不特定的人群进行聚集，因此公共空间通常都需要信息传递和交流来实现对人群的引导。随着信息化技术手段的不断提升，公共空间的信息化特征也越来越明显，包括为公众提供视觉信息传递的方式，如方位标识、路线导视、特定标志、视频信息等，以及为公众提供听觉信息传递的方式，如广播、语言提示、语音提醒等，还有两者相结合的无人机导引等；另外还有为公众提供信息服务的各种设施，包括自助查询机、电子地图等。

（5）智能化。随着网络化时代和智能化时代的来临，公共空间也逐渐拥有了智能化特征，包括先进的通信系统和网络系统，以及各种高新技术的综合应用，如智能控制技术、智能通信技术、图形显示技术、3D

导视技术等，将这些技术结合起来，最终就实现了公共空间的智能化，从而为公众提供更加舒适的使用环境、更加便捷的使用手段、更加高效的管理系统、更加智能的自动化系统等。

（6）风格多元化。在经济和文化全球化发展的时代背景下，公共空间的设计和呈现风格也开始变得多元化，其中所蕴含的理念、文化、技术、功能等都开始打破地域乃至时空限制，从而推动了审美观念开始向多元化发展。如在公共空间的展现形式方面，可以有效结合功能、外界环境、表现手段等，最终实现架构元素的打散、融合、排序、组团等，展现出更加多样化的公共空间；如在公共空间表现元素方面，可以综合装饰文化、民俗文化、民族文化、古典文化等各种表现语言，实现公共空间跨时空、跨文化的融合。

（二）空间设计的概念

空间设计的本质是对以人为核心的理想空间的营造，其具体概念是：为满足人们的生活需求和提高人们的生活质量，不断对空间进行改变以达到创造新生活的行为活动，是集合了材料加工、艺术设计、功能设计、审美实现、地域文化、精神文化引领等于一体的综合设计类活动。也是根据人们对空间的精神需求、功能需求，结合气候环境、安全标准以及各种对应的标准，以技术手段和艺术风格创造新的空间环境的过程。

（三）公共空间设计的概念

公共空间设计就是对各类公共空间进行空间设计的活动和过程，即根据公众所处的特定环境来设立该公共空间的创意主题，以科学实现需求功能为基础，以表现公众可接受的审美艺术形式为依托，运用一定的物质技术手段，对公共空间中的建筑、构建元素等进行组织和再创造，以便最大限度地满足公众对公共空间的功能需求和审美需求。[①]

随着经济和社会的快速发展，公众对自身所处的各种公共空间环境均提出了更高的要求，因此公共空间设计人才的需求也在不断增加。从公共空间内外部关系角度来看，可以从两个层面来看公共空间设计，一个是整体层面，公共空间设计是对公共建筑以及与之相关联的综合环境

---

① 李苏晋，曾令秋，庞鑫 . 公共空间设计 [M]. 成都：电子科学技术大学出版社，2020：17-18.

的设计，另一个是内部层面，室内公共空间设计是对公共建筑物内部的公共领域的空间和环境以及空间环境关系进行艺术化设计。

二、公共空间设计的分类

公共空间所涵盖的各方面内容极为丰富，不同的公共空间会拥有不同的功能，甚至相同功能的公共空间也会拥有不同的元素搭配和架构设计。同时公共空间的类型也极为丰富，这就造成公共空间设计的种类极多。公共空间可以从以下四个层面进行分类。

（一）从建筑空间概念进行分类

根据不同的建筑需求造就的公共空间，可以被划分为十种设计类型，分别是商业建筑空间，即服务于各种商业活动的公共空间；旅游建筑空间，即满足旅游和休闲需要的公共空间；文教建筑空间，即满足文化教育活动需要的公共空间；办公建筑空间，即满足企业办公需要的公共空间；体育建筑空间，即满足公众体育锻炼和运动需要的公共空间；医疗建筑空间，即为公众提供医疗服务的公共空间；交通建筑空间，即满足公众交通、行走、外出需要的道路和桥梁类公共空间；邮电建筑空间，即满足公众信件邮递和电信通信需求的公共空间；展览建筑空间，即对各类具有展览价值的物品和技术进行展现和表现的公共空间；纪念建筑空间，即对各种拥有纪念价值和文化底蕴的内容进行承载和传递的公共空间。具体分类如表 2-1 所示。

表 2-1　从建筑空间概念进行分类

从建筑空间概念进行分类		
建筑需求	空间类型	特点及举例
商业需求	商业建筑空间	满足商业活动需要，如商贸楼
旅游需求	旅游建筑空间	满足旅游和休闲活动需要，如旅游景区
文化教育需求	文教建筑空间	满足文化教育活动需要，如学校
办公需求	办公建筑空间	满足企业办公活动需要，如办公大厦
体育需求	体育建筑空间	满足锻炼和运动活动需要，如体育场馆

从建筑空间概念进行分类		
建筑需求	空间类型	特点及举例
医疗需求	医疗建筑空间	满足医疗服务活动需要，如医院
交通需求	交通建筑空间	满足交通行走活动需要，如道路、桥梁
信息传递需求	邮电建筑空间	满足信件投递和电信通信活动需要，如邮局、信号塔
展览需求	展览建筑空间	满足有展览价值物品和技术展现需要，如博物馆
纪念需求	纪念建筑空间	满足纪念机制和文化传递需要，如人民英雄纪念碑

（二）单纯从内部设计进行分类

公共空间的内外部关系特性使得其可以单纯以内部设计来进行分类，即根据室内设计分类可以将其划分为限定性公共空间和非限定性公共空间。

限定性公共空间主要是对进入其中的公众有特殊限定的公共空间，包括学校、幼儿园、办公楼、教堂等，如学校和幼儿园，只有学生、幼儿、校内教师和服务人员等才能够进入。非限定性公共空间则是除限定性公共空间之外，没有特定限制进入条件的公共空间，包括娱乐空间、影视院、旅馆饭店、体育馆、公共图书馆、火车站、汽车站、航站楼、商店等。具体分类如表 2-2 所示。

表 2-2　单纯从内部设计进行分类

单纯从内部设计进行分类		
分类名称	特点	具体空间
限定性空间	对进入的公众有特殊限定	如学校、幼儿园、教堂等
非限定性空间	无进入限定条件	如影院、旅馆、体育馆、公共图书馆、火车站、汽车站、商店等

（三）从空间规模进行分类

不同的公共空间会有不同的空间规模，因此其设计需求以及功能也会有很大区别。从空间规模来分类，公共空间可以划分为三类，分别是大型公共空间，指的是空间尺度大、空间开放性高的公共空间，包括体育场、礼堂、大型商场、营业厅、大型舞厅、公园、高架桥等；中型公共空间，指的是除能够满足个体的活动需求外，还能够满足相关的公共事务行为的需求，包括办公室、教室、实验室、研究室等；小型公共空间，指的是具有较强封闭性、空间尺度较小，甚至对进入其中的公众有特定限制的公共空间，包括档案室、资料库、旅店客房等，通常需要满足一定条件后才可以进入其中，且会对进入其空间的公众数量有一定限制。具体分类如表2-3所示。

表2-3　从空间规模进行分类

从空间规模进行分类		
分类名称	空间特性	具体空间
大型公共空间	空间尺度大、开放性高	体育场、礼堂、营业厅、公园等
中型公共空间	满足个体活动需求和公共事务行为需求	教室、实验室、研究室、办公室等
小型公共空间	封闭性强、空间尺度小	档案室、旅店客房、资料库等

（四）从功能和设计内容进行分类

从功能和设计内容进行分类，是公共空间设计分类中较为综合的分类方式，对公共空间设计的实现有很强的参考价值。按此要求进行分类，公共空间可以划分为以下类型。

1.餐饮类公共空间

餐饮类公共空间主要是饮食文化的载体，是公众活动最为频繁的一类公共空间，具体可以从七类细化功能和设计内容进行区分。

一是中餐厅，即以经营中国传统和民族风味饮食为主的餐厅。在空间设计内容方面，中餐厅通常需要体现的是中华民族的悠久传统和文化特色等，如可以根据传统建筑布局方式进行设计；可以运用古典装饰元素来布局设计;可以运用具有地方文化特色的元素来进行设计,以体现地域性文化和民风民俗,如岭南文化特色餐厅。

二是西餐厅,指的是以西式菜品为主,以便公众体验西方餐厅格调的餐厅,其整体空间设计风格偏重个性装饰、雅致情调、宁静氛围等,以体现其环境和服务的风采。而且不同西餐厅的风格也会因为主题不同而有所差别,如常见的有英式餐厅、法式餐厅、意式餐厅等。

三是宴会厅,通常设在高档宾馆中,用于举办各种类似讲座活动、大型庆典、大型盛会、宴请活动等,其最大的特点是空间面积大且餐位众多,用以服务的通道都极为宽阔。宴会厅的装饰风格通常简单大气,其目的是避免和后期各种活动所需的风格产生冲突。其对空间的运用通常划分得极为灵活,布局以对称居多,以便为各种活动提供需要。

四是快餐厅,其主要目的是为客户提供制作快速且较为简单的食物,规模通常不会太大,以便适应方便、快捷、经济、简单的需求。其设计风格通常简单大方且色彩明快,连锁式快餐厅通常还会在设计中体现一定的品牌文化特色。

五是自助餐厅,属于菜品丰富、供客户自选和自取的餐厅,因就餐形式极为灵活和自由,所以对布局和照明的要求很高,通常要保证内部空间宽敞明亮,空间布局开放且通道四通八达。

六是咖啡厅,目的是为客户提供简单的餐饮和咖啡、茶水等,除此之外,其非常重要的功能就是为客户提供休闲、娱乐、交际的场所,服务性大于餐饮性,因此其设计风格通常是环境干净、整洁、有情调,色彩和灯光要营造出较为优雅安静和轻松活跃的氛围。

七是酒吧,服务对象通常以年轻人居多,功能也相对单一,即以酒水服务为主。根据服务对象的需求,即体验自由、时尚、惬意的生活方式和气氛,酒吧的设计风格通常会表现出明显的个性和活力。另外还会根据自身特性体现出一些主题性,如艺术主题、音乐主题等,在空间布局方面会较为突出舞台和吧台等。

2.酒店类公共空间

酒店是一类为客户提供住宿和餐饮等多种服务的公共场所,规模较大的酒店还会为客户提供办公、购物、娱乐、休闲等服务,不同的划分方式会形成不同的酒店分类,此处以功能性为主要划分特征。

一是经济型酒店，通常规模较小，提供的服务也较为简单，主要以旅游者、商务人员等为主要对象，所以客房是最主要的产品，通常价格较为低廉，环境舒适放松，性价比较高，最具代表性的就是各类快捷酒店。

二是商务型酒店，其主要的服务对象是各类商务人士，通常会开设在较为繁华的商业中心，其设计风格、服务项目等都会根据商务人士的需求进行配置，包括各种会议厅、宴会厅、客房等，且客房会提供会客区、办公区等，以满足商务人士办公和会客的商务需求。

三是度假型酒店，主要服务对象是度假、观光、旅行的客户，通常会开设在旅游区附近，其空间设计风格会具备较强的当地文化特色，它更加注重空间内外部的协调统一，以便为客户提供更加全面的观景感受。

四是公寓式酒店，通常会为客户提供长期的专业服务，因此会采用居家式格局，配备各种家用的电器、家具等，并注重保持温馨、安静的居住环境，给客户以家的感受。

3.办公类公共空间

办公类公共空间的主要目的是为用户提供办公、工作的场所，企事业单位会根据自身的需求选择各种不同设计特点的办公空间，良好的办公环境不仅能够让员工拥有更加舒适的心情，从而有效提高员工的工作效率，而且能够展现出企事业单位的文化和形象，甚至可以成为企事业单位的品牌特征之一。通常办公类公共空间可以划分为三类。

一是开放式办公空间，即企事业单位会将多个员工安置在一个较大的空间中，面积大且视野广，对工作私密性要求不高，这样不仅有助于员工之间的沟通，同时办公方式也会较为灵活开放。根据其需求，设计风格和布局通常会明快、简洁，拥有较为灵活的位置搭配。

二是单间式办公空间，通常是以工作性质或部门特性为依据，将办公区域划分为不同大小和形状的相对单独的办公空间，不同空间之间的干扰较小，适用于工作私密性较高的企业。

三是半开放式办公空间，是一种介于以上两者之间的空间形式，兼顾了开放式的优势和单间式的特点与需求，通常是将员工的工作区域或休闲区域置于开放空间中，而将会议室、接待室、领导办公室等设置为单间形式。

4. 购物类公共空间

购物类公共空间是为公众提供日常购物的各类场所，主要有以下几类。

一是购物中心，其是最具代表性的购物类公共空间，通常是一种集合了购物、休闲、娱乐等多种功能的场所，设施和服务项目比较全面，包括各种专卖店、百货商店、餐饮店、娱乐场所和设施、停车场等空间，因此设计风格也极为多样，以满足各类用户的多元化需求。

二是超市，通常会采用开放性极强、购物自由度高、价格实惠且品种齐全的优势来吸引用户。其空间设计风格多数是开架售货、功能划分明确、商品摆放的位置和形式讲究等，其功能划分不仅体现在空间布局上，还会以各种导视内容来展示，如出入口、收银台、促销区、陈列区等，陈列区还会以种类进行特定的划分，以方便公众挑选。

三是综合商店，通常是一种融合了各种商品的经营场所，其购物空间中物品极为全面和多样，最为常见的是日用百货店、五金店、杂货店、便利店等，普通公众日常所用和较专用的物品均能够在这类店内找到。因其特性，其空间设计风格更加多样，空间利用率也更高。

四是专卖店，其是一种专营某一类型商品或某一品牌商品的商店，通常定位极为明确，因此设计风格会有很强的个性化特征，以便展现商品的特性或品牌的形象。通常其空间设计会围绕商品和品牌内涵展开，可以在此基础上加入鲜明的主题，并从照明强度、灯具排列、商品展示、空间的布局等方面予以展现。

5. 观演类公共空间

观演类公共空间是一种专门为用户提供观看各类表演活动的空间，不仅需要包括各种文艺演出活动所需的场地（通常为舞台），还需要包括容纳众多观众以便观众进行观赏的场地。

根据不同的演出特性，其空间设计的风格也会有较大的差别，尤其是针对观众的各种功能性设施匹配情况极为多样，常见的观演空间有话剧院、音乐厅、歌剧院、电影院等。通常情况下，观演建筑不仅是一种为观众提供观赏服务的公共空间，还是一种展现城市文化的重要载体，甚至有时会代表一个城市文化发展的水平。如悉尼歌剧院已经成为澳大利亚的地标性建筑，其建成于1973年，于2007年被作为文化遗产列入

《世界遗产名录》，可见其蕴含的建筑创造力、结构布局性、空间设计性和文化底蕴。

随着民众生活水平的不断提高，公众对观演环境和节目的要求也越来越高，同时伴随着各种高新科技的不断发展和普及，观演空间所包含的内容也越来越丰富，如需要体现出先进的科技感等，以便使公众得到更加新奇独特的观演体验。

6. 文教类公共空间

文教类公共空间主要是进行文化教育活动的空间，比较常见的是各种学校和图书馆等，因其本身属于育人场所，所以空间设计方面不仅需要满足教育功能和需求，还会根据教育针对的人群进行对应的氛围打造。

中小学的校园是教育青少年的主要场所，因此其空间设计理念要尽量简洁，应尽可能去掉琐碎的装饰，以便满足中小学生的学习需求；幼儿园是服务于幼儿的场所，因此其空间设计理念应尽量搭配丰富多样的色彩，展现出各种趣味性，这样一方面能够吸引幼儿的注意力，另一方面能够满足幼儿强烈的好奇心；各类高等院校是教育高等文化人才的场所，其空间设计理念不仅要满足大学生学习各种专业和综合知识的需求，同时也要展现出相关的文化底蕴和科研底蕴，以便塑造出更加深入的空间设计内涵；图书馆是为公众提供图书阅读服务的场所，不仅需要满足种类多、数量足的图书展示要求，还需要满足公众安静平和地进行阅读的需求，因此其空间设计会显示出下部空间紧凑、上部空间空旷、功能区聚集等特点。

7. 展示类公共空间

展示类公共空间通常是为了将具体的展示内容进行更加科学合理的表现，以供参观者能够更好地体会展示内容的特性等。其独特的功能特性使得空间设计要运用多种空间规划手段、物品陈列手段、平面布置手段、灯光布置手段、空间搭配手段等，从而有计划、有目的、有逻辑地将内容展示出来，起到对参观者的引导性和指导性作用。常见的展示类公共空间主要有以下两类。

一类是博物馆，通常其空间布局较为固定，物品展示的时间较长，同时还会针对不同种类的博物馆进行有针对性的空间设计。比如，历史博物馆是为了让观众体验到浓厚的历史文化，同时让观众能够近距离观察各种历史文物，享受历史的熏陶，通常会通过庄重的色彩、略昏暗的灯光，来营造较为浓厚和底蕴十足的历史文化氛围；自然博物馆是为了让观众能够更鲜明地体验自然世界的精彩，所以通常需要在空间设计中模拟出对应的自然环境，展现出生动形象的生物标本或影像，从而为观众带来更加直观的观赏体验；科技博物馆和艺术博物馆均具有沉浸式观看特性，因此其空间设计风格会更加注重场景和故事，尤其是科技博物馆需要通过运用各类先进科技，使观众能够与科技亲密接触，实现虚拟互动或深入感受，如可以采用声、光、电元素来营造炫动场景，配合"VR"等科技手段的使用，来加强观众的感官体验和认知体验，既拥有极强的科技感，又具备很强的趣味性和互动性。

另一类是展会，通常其目的是通过特定的主题，围绕主题进行空间设计，以达到特定的展示效果。展会包括博览会、展销会、展览会等各种不同内容，可以根据不同的展示内容来灵活设计展示形式和展示规模。另外对应的展会还拥有较为细化的主题风格，如展销会可以根据参会内容设定具体的主题，如机械展销会、图书展销会等，主题内容不同，展会的空间布局也会有所不同。

8.娱乐类公共空间

娱乐类公共空间是公众进行休闲娱乐活动的各种场所，具体包括健身中心、美容院、"KTV"等俱乐部形态的空间场所，根据其不同的功能特性，空间设计的风格和特点也会有很大不同。如健身中心具备较强的开放性，因此其空间范围较大且视野较好，需要根据不同的健身需求匹配不同的空间布局；美容院是服务于有美容需求的客户的场所，需要具备较为宁静、放松的特性，因此空间会按具体项目进行分隔式布局，以打造更加专项的服务空间；"KTV"是公众自由奔放地歌唱的场所，相对而言私密性更强，因此空间多数会设计为大中小不同规模的独立空间，且隔音效果很好，从而提供更加自由灵活的歌唱体验。

不论哪类娱乐类公共空间，其空间设计的重点都是综合体验，即视觉感受、光影效果、气氛烘托等方面，需要在满足功能需求的基础上，充分发挥想象力和创造力，以便为公众提供更加独特的空间体验。

9.特殊类公共空间

特殊类公共空间属于功能较为特定的一种公共空间，最具代表性的就是火车站、汽车站、机场、医院等。前三者均属于满足公众交通需求的场所，一方面需要满足人流量庞大的特性，另一方面需要展现出自身的独特性，因此其在空间设计方面，空间布局和便利性排在首位，通常导视系统极为发达和明显，以便为公众提供更加清晰的指导。其独特性则通常体现在地域文化融合性方面。通常各种机场和站点都是展现城市文化特色的重要载体，因此其在空间设计方面极为注重地标性和展现地域文化内涵。

医院属于为公众的健康服务的公共场所，不仅人流量极大，而且人员情况极为复杂，所以其空间设计以方便医疗服务和快捷直观为主，以便实现有医疗需求的公众能够快速获得医疗服务。另外，医院中时常有病床等大体积物品需要上下楼，所以电梯空间设计得极大，就是为了防止电梯空间无法承载。

之所以要对公共空间设计进行分类，就是为了能够快速明确需要设计的公共空间的使用性质和功能，从而满足其具体的使用需求；另外则是根据功能定位产生设计方案，依据设计方案进行匹配的材料选用、色彩选用和搭配、照明和灯光布局、空间的布局和利用、内外部环境的联系等，以便实现将公共空间具体的物质功能和精神功能紧密结合。

三、公共空间设计的主要内容

公共空间是服务于公众的一种场所和场景，因此具体的公共空间设计是一项融合了艺术性、技术性、社会性、综合性的工作。在进行公共空间设计时，不仅需要考虑到内部空间架构和布置，还需要考虑到外部空间和过渡空间的融合体现，既要实现公共空间的具体功能，还需要使其具有一定的精神和文化引导的特性。公共空间设计的主要内容涉及下述多个方面。

（一）平面布局和功能匹配

公共空间的设计要对整体所处的环境和空间进行布局和功能匹配的分析，不仅要对建筑设计意图有充分理解，还需要根据建筑设计布局特征，以及公共空间的功能分析、人员流动特征、整体结构体系的特点，对整个公共空间已经存在的空间进行平面布置调整、完善、功能搭配等。

（二）空间再组织和再创造

通常公共空间的功用并非一成不变的，因此其空间架构需要针对其功用的改变进行再组织和再创造。尤其随着现代社会生活节奏的不断加快，公共空间中建筑的功能也在不断发展和变化，空间的具体功用也在不断完善，所以同样需要对空间进行再组织和再创造。

从此角度而言，公共空间设计中最常见的内容就是对整个空间架构的再组织和再创造，这也就要求公共空间最初的结构需要更具改变性和灵活性，能够满足不断变化的空间组织和创造。

（三）公共空间装饰艺术相关设计

公共空间担负着内外部环境的和谐建构重任，同时还需要根据功能和作用，实现精神以及物质需求的统一，这就要求公共空间设计必须包含装饰艺术方面的相关设计内容，包括造型优美的空间构成、缓和且灵活的过渡界面处理、宜人且具备匹配功能的光线搭配、体现其特定功用的色彩和材质配置等，同时这些内容还需要符合整个公共空间的建筑风格和环境氛围，从而尽可能地满足公众对公共空间内部环境的精神需求。

（四）材料与构造工艺

在进行公共空间设计的过程中，不但需要考虑设计方案的表达性，还需要考虑设计方案的实施性和落成效果，毕竟任何设计方案从设想变为现实，都需要经过材料和构造工艺的再创造，因此在策划设计方案时就必须要考虑到对应的条件，这样才能确保设计方案从图纸向现实顺利过渡和实施。

材料与构造工艺的主要内容包括地面、墙面、顶棚材料的选择，以及实现公共空间内部各种构造所需要的工艺技法等，同时还需要考虑到色彩、光线、声音传递、影像表达等特定需求所要求的材料和构造工艺。例如音乐厅、话剧院等，其不仅需要容纳一定数量的观众，满足空间需求，同时需要满足声音的聚声、消杂、均衡传递等特定要求，这些要求同样需要一些特定的材料和构造工艺。

（五）陈设和绿化的艺术表达

公共空间设计中，除其材料、结构和具体功能要求外，还有一大部分空间陈设、绿化等内容，能够对应脱离公共空间的具体界面进行调整布局。通常情况下，公共空间设计中的陈设和绿化物，最注重的是其实用性和观赏性，其具备很强的视觉突出作用，即通过各类陈设和绿化来烘托以及强化公共空间的具体氛围和表达效果。

正因为这些陈设和绿化作用明显，所以更需要在设计之初进行重视，以保证其能够符合公共空间的结构需要，也保证其能够满足公共空间的精神表达需要和气氛需要。包括灯具样式、排列，桌椅摆放、工艺，绿化的内在含义和形象，装饰物的特征和搭配，这些都需要和公共空间的特定功用、精神表达需求、视觉强化要求、协调氛围需要进行融合。

以最常见的绿化为例，公共空间中绿化的最大作用就是衬托环境的自然韵味和勃勃生机，其不仅能够让人赏心悦目，起到柔化人工环境的效果，还能够在高节奏的现代社会协调和平衡公众心理；绿化还具有改善区域环境的小气候、吸尘且优化空气的作用，从而使小环境的空气更加清新，使进入小环境的公众心情愉悦，更有助于公众的身体健康；另外，绿化之中的盆景类绿植，通常还蕴含着极为深刻的文化底蕴，如中国自古就颇受追捧的梅、兰、竹、菊"四君子"，以及松树、柏树等，它们都具有特定的文化内涵和引申义，只要搭配合理，就能够在很大程度上提高公共空间的文化特征。

（六）对应的专业设计要求

随着社会和经济的快速发展，科学技术的进步和人们生活水平、精神需求的提高以及多样化，公共空间设计需要考虑的内容更加多样，最基本的就是对对应的专业设计的要求，即公共空间设计要满足所对应专业人士的特定需求。尤其是一些人流量极大且涉及人士众多的公共空间，如大型购物中心，在对其进行公共空间设计的过程中，不仅需要考虑到不同功能的空间设计，还需要考虑到各类因素，包括不同工种的协调配合、各类专项人士的特定需求、各种专业技术人士的需求等。

除构建公共空间时对建筑人士的专业要求，以及公共空间所服务的公众的专业要求之外，大型公共空间通常还需要满足一定区域内环境特色表达、民族传统表现、审美观念体现、规划要求协调等专业要求。有时各种专业要求还可能会和设计方案产生一定的冲突，这时就需要尽可能考虑各种因素的影响，全面而统一地去解决矛盾和弱化冲突，以便实现最终服务于公众的主要需求。

（七）公共空间设计的趋势要求

随着社会的不断进步，设计理念也更加完善。在外界大环境越来越注重生态可持续发展、以以人为本为中心的理念背景下，公共空间的设计理念同样需要向此方向发展和靠拢，通过对公众生理和心理的正确认识，来保证公共空间的环境因素更契合公众各项活动的需要，为公众提供更加健康良好的精神和物质生活条件。其不仅要促进公众身心更加健康，还需要有一定引导作用，培养公众对打造良好环境的关注。

当代公共空间设计的趋势主要表现为以下六项：一是回归自然，即风格越来越贴近自然状态，包括颜色自然、材料自然、气氛自然、构建手法自然、表现自然等，让公众能够通过想象和感受更加亲近自然；二是综合艺术，即公共空间设计需要综合考虑空间、架构、形体、色彩、灯光、虚实等关系，并对功能组合关系进行更灵活的把握，同时要进行意境创造和内外环境关系的协调把握，最终形成整体艺术；三是高度现代感，即整个公共空间设计中需要综合运用各种现代化技术手段，做到声、光、形、色等各个角度能够融合得更加完美，实现功能、效率、速率综合性提高和完善，最终呈现出更具现代色彩的公共空间环境；四是高度民族化，即在公共空间设计体现现代感的基础上，要将民族文化、传统文化、历史底蕴、地域特性等融入其中，以推动民族化的体现；五是服务便捷，随着社会经济的快速发展，公众对于服务设施的要求也越来越高，这不仅关乎效率问题，更关乎服务体验，因此公共空间设计也需要以服务便捷为导向，结合各种高新科技成果来实现更便利、更高效且更节省成本的服务，包括自动问询和自动解答、智能导视系统、自动检票、自动开关等；六是人性化，随着公众对个性化的追求越来越高，公共空间设计也需要向人性化角度靠拢，即创造实用功能和美学需求高度统一、适宜公众生存交流和发展、不同空间能够体现不同特色和格调、满足公众多样化需求和特殊精神品质的空间。

第二节 公共空间设计的原则

公共空间设计的最终目的，必然是满足公众中某类群体的某些功能方面的需求，这是公共空间设计的核心原则，即明确"谁"要在这个空间"做什么"，这样才能体现出公共空间具体的使用价值和建构目标，因此公共空间设计必须要遵循以使用者为核心的原则。以上述原则为基础，公共空间设计细化出了以下几项原则，主要包括限定原则、组织原则、美学原则以及造型设计原则。

一、公共空间限定原则

任何公共空间都是为特定公众群体提供公共活动的空间和场地，从基础的空间尺度而言，若空间限定的尺度过小，必然会让公众感受到压抑和局限，从而整体影响公共空间的具体功能和公众感觉。基于此，在公共空间设计过程中通常会规划较大的面积和较高的高度，这样不仅能够带给使用者一种博大、广阔和宏伟的氛围，也能够激发公众的精神，令公众感觉更具有力量或气势。

公共空间设计中的限定原则，是基于公共空间建筑空间基础之上所进行的二次限定，即需要在满足公共空间的功能要求的前提下，考虑到空间的分隔和空间的联系，通过不同的空间限定手法满足使用者对公共空间的物质需求和精神需求。具体的限定手段主要有以下几种。

（一）空间的分隔

此处所说的空间的分隔，包括围合与分隔两种方式，其均属于对空间进行限定的基础手段：围合是用两个及以上方向的面来对空间的内外进行划分，最基础的围合限定就是区域院墙；分隔则是对空间进行再次划分，将其界定为若干部分，从而实现不同的空间效果。

从围合与分隔的形式来看，其本身都是为了实现空间的分隔，而对子空间的划分在一定程度上同样属于围合，因此空间的分隔手段，就是运用各种实体要素来实现围合与再分隔，最终在满足公众功能性需求的基础上，形成空间层次感和区域感。具体的空间分隔有以下四种类型。

1. 空间的绝对分隔

空间的绝对分隔就是以限度较高的各类实体界面来分隔空间，致使分隔出的空间属于完全封闭且隔音较好、视线完全受阻的分隔方式。通常采用到空间顶部的轻体隔墙或承重墙来完成绝对分隔，这种分隔方式形成的空间较为独立，与周围环境的沟通交流少且流动性差，但具有私密、安静和抗干扰能力强的特点，较常见的例子就是"KTV"中的各个点歌屋、旅馆和酒店的客房等。

2. 空间的局部分隔

空间的局部分隔就是使用到顶或不到顶的隔断、可移动或不可移动的屏风、较高的家具等来实现空间的分隔，但会留有一定的分隔，使两端空间环境能够在一定范围内流动。其对空间的限定程度，会因为分隔界面的大小、材质、形态等有一定差异。比如，到顶隔断的局部分隔方式，虽然对空间底部到顶部的空间进行了分隔，但分隔物两端却是开放的；又如，用不可移动的屏风进行空间局部分隔，通常也会留出开放的端口。较常见的例子就是办公空间的前台空间、开放餐厅的半截隔墙等。

3. 空间的象征性分隔

空间的象征性分隔就是用各种片段、低矮的分隔元素对空间进行划分的分隔方式，其最大的特性就是分隔限定程度很低，空间界面很模糊，并未形成真正意义上的分隔，划分的空间之间沟通程度高甚至能够直接看到，但通过人的联想可以将其理解为一种特定的分隔，具有象征性意味。

象征性分隔除了能够在一定程度上进行空间的划分，还能够加强空间的层次感，从而使空间的层次更加丰富。象征性分隔极为常见，如购物空间内完全透明的玻璃隔断、各种悬挂的装饰或竹帘等。

4. 空间的弹性分隔

空间的弹性分隔就是采用各种能够灵活运动的物品来分隔空间的方式，其最大的特点就是分隔物极为灵活，能够根据使用需求随时进行移动和变化，从而使空间能够更加灵活地变大、变小或分合，具有极大的弹性。

（二）空间的覆盖和中心设置

室内公共空间想要拥有限定感，不仅需要对自然空间进行围合，还需要进行覆盖，这样才能形成一个内部空间的感觉，即空间感必然需要考虑高度的限定，如果没有覆盖就对空间进行限定，就不会使人产生拥有足够的内部空间的心理感受。

当公共空间较大、顶部距离地面很远且中间没有阻挡物时，人的空间感受就会不够明确，这时就可以通过覆盖的方式来增加对空间的限定，如在局部增加顶棚，缩短顶部与人之间的距离，这样就会增加空间和人的沟通，从而使空间尺度更加适宜，令人的心理感受更加舒适惬意。

另外在顶部空间很大的公共空间用各种偏装饰的物品作为覆盖，不仅能够增加空间感，还可以通过这些装饰物品与周围因素的联系，使人感受到更加惬意的自然气息，从而在室内空间创造出室外的感觉，更有助于人性的回归和自然感的回归。

增加人和空间的距离感和亲切感的方式，除覆盖的限定方式外，还有设置的限定方式，即在公共空间之中设置拥有一定视觉吸引力的物品，从而对公共空间的一定区域产生影响。比如，在空旷的大厅中摆放较为高耸的雕塑品或布置假山池塘等，或在休息区域中心设置艺术造型台或较大的植物等，均能够有效吸引人的视觉，从而形成视觉中心。设置这种特性，就要求在进行选择和设计时要考虑到该公共空间区域的具体功能和特性，以便实现更清晰明确的文化表达，发挥更精准的引导作用。

（三）空间的凹凸

公共空间的凹凸限定手段，就是使公共空间地面抬起或下凹，以地面高度差来达到空间限定目的，从而使已经被限定过的空间中产生强调和弱化感。

空间地面的凹凸限定和较低的围合类似，但比围合更具安全感和舒适感，受到周围的干扰比较小。通常情况下，高耸空间更易形成标志物，也更容易引起人的关注，从而形成视觉中心，因此通常表演舞台都会高出地面，以便形成视觉焦点；而低空间通常不会引人注目，处于低空间的人也不会有被人围观的感觉，从而其心理更加舒适、自由、放松，其效果和围合类似，但更具安全感，且受到的干扰更小，如图书馆供给孩子们看书的位置，通常会适当进行下凹设计，以便让孩子们更加放松。

（四）空间悬架

空间悬架就是在公共空间的某些竖直空间局部增设一层或多层空间隔断的限定方式，这种空间限定方式能够丰富公共空间的层级效果和给人的感受，最明显的例子就是一些购物中心所构建的通廊空间或悬廊空间以及夹层空间，通常在其他位置看到悬架会感受到空间丰富的层级感，而处在悬架空间中则会感受到一种中心感。在这里，视野的多面性可以引导公众的心理变得更加灵动。

（五）空间的综合变化

以空间的综合变化来限定空间的方式是一种多手段的融合，包括肌理变化、色彩变化、形状变化和灯光照明变化等，可以通过两两手段的融合或更多种手段的融合，达到限定空间的效果。

比如，在空间设计过程中以某种材料为主，而局部用另一种材料进行匹配，就能够形成特殊的肌理效果，结合灯光照明的变化可以实现空间限定感，另外就是以对材料进行抛光、打磨、雕刻等来实现材料表面的不同，从而在灯光照射下给人以特定的限定感受。

色彩的变化和形状的变化，同样可以和灯光照明进行匹配，给人以特定空间限定的感受，如在餐厅中心布置一个面积和范围更大的餐桌，并以与其他餐桌不同的颜色来实现视觉中心之感，从而形成空间限定感，令该处区域感更强。

二、公共空间组织原则

公共空间的设计是对建筑空间设计的延续，也是对建筑设计的进一步发展和深化，因此公共空间的设计需要在满足基本功能的前提下，尽可能地表达出空间自身的形式美，一方面满足公共空间的外在形式美表达，另一方面满足使用者对形式美的精神感受，这就是公共空间的组织原则。其分为两部分内容，一部分是基于表象层面的公共空间的物理组合，另一部分是针对用户感受的公共空间的精神组合，具体的组合手段可参照下图 2-1 进行了解。

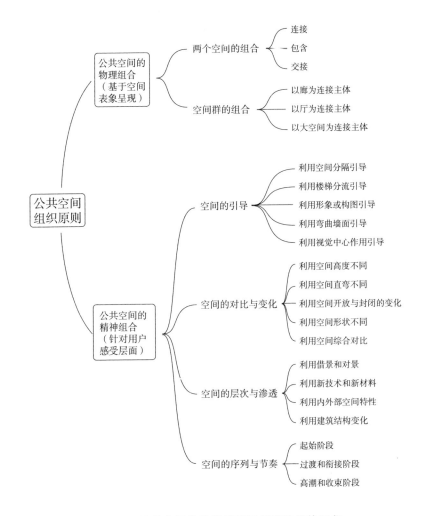

图 2-1 公共空间设计遵循组织原则的具体手段

（一）公共空间的物理组合

公共空间的物理组合是基于空间之间的表象呈现层面所采用的空间组织手段，主要目的是根据建筑空间的基本条件对设计意图进行充分理解，然后结合空间的功能分区、人流动向、总体布局、结构体系等内容，来进行空间之间的组合，一方面满足空间的使用需求，另一方面完善空间的使用功能。具体的公共空间物理组合主要有以下两种方式。

1. 两个空间的组合

公共空间设计中两个空间的组合，可以运用连接、包含或交接的方式。连接就是将两个相对分离独立的空间单元，用第三个中介空间进行连接，以实现两个空间的相互联系，其中中介空间的特征是起决定性作用的内容，其形状、尺寸等可以和两个空间单元相同或不同：若其与两个空间单元的形状和尺寸完全一致，则强调的是空间序列的重复性；若其比较小，则主要强调的是自身的联系作用；若其较大，就会形成空间体系的主体。

包含就是通过一个大空间单元将另一个小空间单元包含来实现两者的联系，在这种包含方式中，尺寸的差异极为重要，两个空间尺寸差异越大，包容感就会越强，差异越小则包容感越弱；当两个空间形状相同而方位有差异时，小空间就会拥有更强的吸引力；当两个空间形状不同时，两者之间就会形成功能对比或出现不同的意义。

交接就是两个空间单元进行接触，但是不会出现重叠，空间单元接触之处的性质会表达出两个空间在视觉和物理上的连接程度。交接方式可以是空间单元的边界之间接触，也可以是界面之间接触，界面接触时两者独立性会较强，界面开口的尺寸和位置会直接影响两个空间单元的通透程度；边界接触是一种空间外壳的接触，形成两个空间感受的方式可以是通过不同数目的立柱、可以是通过不同空间高度的变化、可以是通过墙面的处理等，虽然从物理层面而言，两个空间单元是完全相连的状态，但仍然能产生较高的视觉和空间过渡感。

2. 空间群的组合

空间群的组合指的是以特定的中介空间将多个空间进行连接，从而形成空间群。中介空间的组合方式主要有三种，分别是以廊为连接主体、以厅为连接主体和以大空间为连接主体。

以廊为连接主体的空间群组合方式，就是用长廊空间将具有相同功能性质和结构特征的空间单元以重复的方式进行连接，其方式简便快捷，而且呈现出的效果极为整齐，比较适合功能相对较为单一和集中的公共空间的连接，如宾馆客房、办公室等。此类空间单元之间没有明确的主从关系，可以根据需求决定是否进行联通。

以厅为连接主体的空间群组合方式，就是以厅为单位进行空间单元的组合，其中空间单元的功能和形式可能均不相同，因此可以按先后次序将其串联为空间序列群，而这里通常会呈现线性排列，因此也称其为序列组合或线性组合。这些空间单元可以逐个连接，也可以由一个联系纽带进行相互连接。通常这种连接方式的使用者需要依次通过各个空间，主要代表是博物馆空间和展览空间；空间分支较多且复杂的可以用线性排列连接，主要代表是医院、火车站等。

以大空间为连接主体的空间群组合方式，属于一种较为稳定的向心式连接结构，即将多个次级空间单元和一个中心主导大空间进行连接，中心主导大空间会拥有相对完整的形状和足够的体量以将次要空间集结在四周，而次要空间的功能尺寸等可相同也可不同。这种空间群组合方式通常没有明确的方向性和目标性，因此需要通过流向引导对人群进行分流，适合商业空间、剧院空间等。

（二）公共空间的精神组合

公共空间通常尺寸巨大，功能也极为丰富，因此，为了让公众拥有不同的感受或更快明晰自身的目的地，就需要通过特定的精神组合方式使空间形成不同的架构，以满足公众的精神感受，这种空间组织方式就是公共空间的精神组合。具体有以下几种方式。

1.空间的引导

在复杂的公共空间中，空间地形的限制或者一些功能空间的限制，会造成一些重要的活动空间位置不够明显和突出，从而导致其不容易被公众发现和使用；另外，在空间设计过程中，对于一些具备很强趣味性的空间也需要有意识地进行隐藏，从而避免开门见山弱化其趣味性。

这样的情况下，要想让公众能够发现这些空间，就需要在设计过程中运用空间提供引导，以对人群进行指引，这些引导并非布置普通的路标和导视，而是通过对空间的处理来促使人群能够不经意间受到导引，其具体的处理方式多种多样，但归纳起来可分为以下五种引导形式。

一是利用空间的分隔引导，即通过极为灵活的空间分隔方式来引导公众对某些特定空间产生好奇，从而使其下意识地向特定空间分流。二是利用空间的楼梯分流引导，即通过特殊形式的楼梯或踏步梯，暗示有上层空间存在，从而引导人向上分流。三是利用形象或构图引导，即利用重复出现的连续构架、陈设品、梁柱等，或在墙面、地面、顶部运用连续图案，对人产生暗示效果，引导人向某一特定方向分流。四是利用弯曲墙面引导，即通过带有弯曲效果的墙面，来引发人趋向曲线运动的心理特性，引导人进行分流。五是利用视觉中心作用引导，就是在一定空间范围内引发人的视觉关注，这种通常是在空间关键部分，如入口、出口、转折、连接等位置设置能够引起人强烈注意力的物品，通过吸引人的视觉来引导人进行分流；也可以运用色彩、照明装饰等来突出重点、形成视觉关注，从而促进引导，如依托于人的趋光心理，促使人从光线较暗的空间向光线较亮的空间分流。

2. 空间的对比与变化

公共空间设计是围绕功能核心原则而进行的工作，因此空间的形式必然需要反映其功能特点；因为功能具有很大的差异性，所以在空间形式上也会产生各类差异；通过研究空间形式的对比和变化来实现空间形式的完整统一，就是空间的对比和变化的组织方式的最终目的。空间的对比，就是指空间要素之间存在显著差异，能够形成鲜明对比；空间的变化则是指空间形式的外在表现具有差异性。两者相辅相成，对比是借助差异来突出各自特点来寻求变化，而变化则是运用各自的共同点来谋求和谐与统一。具体的手段有以下几种。

一是通过空间高度的变化来形成对比和变化，如通过较低较小的空间进入较高较大的空间时，会形成鲜明对比，从而令人感到高大的空间更加宏伟；二是通过空间的弯曲和笔直的变化来形成对比和变化，笔直的空间能够给人刚劲挺拔感，而弯曲的空间则能显现出温柔和活泼，两者搭配应用就能形成刚与柔的对比和空间构图的变化，显得空间更加丰富；三是通过空间的封闭和开放的变化来形成对比和变化，开放空间多数依托多窗或大窗来实现，封闭空间则是不开窗或少开窗的空间，两者一个明朗一个隔绝，一个与外界联系密切，一个较为独立，因此可通过两者给人的不同感受来形成对比，如人从封闭空间进入开放空间，会出现豁然开朗之感；四是通过空间的形状变化来实现对比和变化，不同形状的空间会形成很鲜明的对比感，也会打破单调之感，从而形成变化；五是通过空间的综合对比来实现变化，包括色彩、灯光、质感的对比，通过多元素的对比能够产生一种极为活泼多样的变化感。

空间的对比和变化其实都是相对的，并不存在明确界限，通常突变的程度越大，对比质感就越强烈，变化就越鲜明。在公共空间设计领域，不论是空间的布局还是空间的整体，为寻求统一和变化的和谐，都需要运用空间的对比和变化的组合手段。

3.空间的层次与渗透

在公共空间设计过程中，复杂的空间单元要想较为完美地形成一个较为和谐统一的大空间，除了空间的对比和变化，还需要注重空间的层次和渗透。空间的渗透能够实现空间的层次感，从而给人一种空间相连接又不杂乱的感受，更显得灵动和活泼。

空间的渗透就是分隔空间时有意识地在分隔出的空间保持一定程度的联通，如墙面玻璃、拱门、窗等，其不仅能够有效分隔空间，而且为空间之间的沟通建立了渠道，从而可以丰富空间的层次感和变化感。具体的手法有以下几种：利用分隔空间的对景和借景，如可以利用玻璃隔断、木质隔扇等，使分隔的不同空间的景象进行一定连接；利用新技术或新材料，既实现空间的分隔，又在一定程度上保持连接，形成层次和渗透；利用内外空间景观差，尤其是室内空间和外部空间的景色截然不同，能够形成更鲜明的层次感；利用建筑结构的空间变化，包括横向变化和纵向变化，如笔直空间和弯曲空间之间用异形建筑结构连接，形成一定的渗透感，却又形成鲜明对比，给人的感受会更加灵动。

4.空间的序列与节奏

公共空间通常都巨大，有时进入其中的人根本无法一眼望到整个空间的全貌，只有通过连续行进，从一个空间到另一个空间，按序列逐渐认识整个空间，最终才能在脑海中形成整体的空间形象。因为公共空间的此项特性，设计者在设计时就需要注重空间单元的序列和节奏。

空间单元的序列指的是通过逐一展现空间来形成连续关系，其中不仅涉及空间的变化，也涉及时间的变化，将空间排列的顺序和时间先后均考虑到再进行排序，就会形成空间的序列。设计过程中需要考虑到进入空间的人并非静止状态，为了让人在行进过程中获得更好的观赏效果和更好的服务，且在此过程中感受到整个空间的和谐统一又富有变化，设计者需要综合运用空间单元的对比、重复、引导等各种手法，最终建构一个既有秩序又有变化，同时还可以融合成整体的设计手段。

空间单元的序列也分为不同的阶段，这种阶段性特征就形成了空间单元变化的韵律。通常人的感官需要在一定时间的接受和感受之后，才能将空间认识清楚，之后进入下一个空间继续接受与感受，最终连续经历所有空间，才能形成整体感受和整体印象。

空间单元序列的阶段可分为起始、过渡和衔接、高潮和收束三个部分。起始阶段是认识整个空间的开端，需要有足够的吸引力来引起人的关注，并起到一定预示作用，预示后续有巨大的空间依次展开。过渡和衔接阶段需要保证人所经历的空间序列是完整而连续的，同时在不同空间单元的过渡阶段，要处理好彼此之间的过渡关系，同时要做到对人群进行分流引导，从而形成不同的人群分支去感受不同的空间序列。要做到尽可能不让人感到突然，又不会平淡，并应在适当部分穿插一些过渡小空间来收束，从而起到结束不突兀的效果。另外，在人群分支转折部分应该用好引导手段来推动人群向明确的方向前进，转折也要自然，并保持空间之间的连续。高潮和收束阶段就是在空间连续和过渡时，空间序列不仅要起伏顿挫，还要有高潮部分，即令公众产生惊奇或情绪高涨的空间单元，与之对应的则是收束，以便平稳公众情感，可以通过收束来引导公众情绪稳定，而在极度收束后再形成惊奇，则会产生高潮的效果。

空间单元的序列还需要形成规律和有起伏的节奏。在一个连续变化的空间序列中可以通过对某一空间形式的重复和再现，加入一定的重点和高潮的衬托，从而形成一定的节奏感，这样就能够提高空间设计的艺术感，也能够加强公众对空间的感受力度。通常形成空间节奏感的方式就是规律性的重复和恰当的对比，两者相结合，最终才能够形成特有的节奏效果。

三、公共空间美学原则

对公共空间进行设计，不仅需要在建筑空间基础上进行二次设计以完善其具体的使用功能和满足公众对功能使用的要求，还需要满足公众在精神感受上的要求，即赋予空间美学属性。这就要求公共空间设计遵循一定的美学原则，这种美学原则是艺术形式中普遍具有的形式美规律，其不仅具有普遍性、必然性和永恒性，还会随着社会和经济的发展，以及公众的成长和民族、地域、时代的不同而产生一定的审美观变化。这种美学原则拥有一些较为具体的标准和尺度，其中最核心、最基础的美学准则就是在变化中求统一、在统一中求变化的普遍的和共同遵循的多样统一性，即任何公共空间设计所分隔和形成的各空间组成部分之间既要有所区别，又要拥有内在的联系，且之间能够按照一定的规律有机组合为一个统一的整体，同时通过各空间组成部分之间的差别，形成多样性变化，且各空间组成部分之间的联系又能表现出统一性。公共空间美学原则的多样统一性具体涉及以下四方面的内容。

（一）均衡与稳定

空间设计的均衡性，指的是设计构图时各要素的左右、前后之间的联系。通常有三种方式来获得均衡性。第一种是对称均衡，即对空间以对称构图来进行设计，这样不仅能够比较轻易地达到均衡，还可以获得较为严肃和端庄的空间效果，尤其是人类在发展进化过程中本身就对对称有极强的接受度。

不过随着社会的快速发展，公众对空间功能的要求也愈发复杂，这就致使空间在满足功能要求后很难完美达到沿中轴完全对称的均衡。于是就有了第二种方式，即不对称均衡，就是在设计过程中，让人们感受到轴线存在，保证对称的规则性，但又适当做出斜线、曲线等变化，使其显得更具灵活性，同时能更好地匹配为满足功能要求所形成的非对称建筑空间结构。

第三种方式就是通过三维形体的处理，包括前后、左右乃至上下的综合考虑，来实现整体动态的均衡。其特性是原本属于不对称的空间，能够借助三维动态的变化表现出均衡感。此种方式能够取得更加自由活泼的效果，适应性强且没有严格约束，所以极为适合如今的公共空间设计需要。

公共空间设计的均衡性考虑，本质是通过处理空间各要素左右和前后的轻重关系，来实现整体重量均匀分布的效果，与之相联系的就是公共空间设计的稳定性，即着重考虑空间整体的上和下的轻重关系。

通常情况下，稳定性法则主要表现在所有空间形体都呈现出上小下大、上轻下重、上虚下实等方面，所以很多传统建筑空间都是下方空间大且梁柱等支撑性结构多，而上方空间较小，且梁柱等支撑性结构较少。

虽然稳定性法则的目的是实现空间的安全，但相对而言，其也会对建筑空间造成巨大的限制，使其无法形成多元化的变化。但是随着工程技术和材料工程技术的发展和进步，公共空间设计完全可以创造与之对立的前卫空间表现形式，从而为公众提供更加惊艳的空间表现。

（二）对比与微差

公共空间设计中美学原则的对比，就是指空间设计中的各个要素要形成较为明显的差异，而微差指的是空间设计中各个要素进行较小的变化。两者其实都属于差异化，只是一大一小的区别，而且两者之间没有具体的界限。

对比与微差的美学原则，是指通过设计要素之间相互陪衬与对比求得变化，使效果更加丰富多样，同时不能过分对比而失去原本应该具备的设计要素之间协调、连续的特性，最终通过结合两者的变化、协调两者间的关系，从而达到既有变化又整体和谐的美学效果。

在公共空间设计中，对比和微差主要体现在空间单元和各空间要素的不同体量、不同形状、不同方向、虚实相交、不同色彩和不同质感方面，通过各个要素的对比和微差，就能够展现一定的艺术美感，如立柱运用上浅下深的装饰材料，能够展现出一定的下部稳定、上部灵动的美学感受，又如通过不同材料质感的粗细和纹理的变化，能够创造出极为生动活泼的空间形象，等等。

（三）韵律与节奏

在自然界中，有很多事物和现象均有其特定的秩序变化和规律重复，人类在长久发展的过程中，通过对这些秩序变化和规律的发现与总结，逐步发现了一种特定的美感，即韵律美。在公共空间设计过程中，也需要考虑到韵律美的实现，其中具体有以下四类韵律。

一是连续韵律，通常是以一种空间要素或若干种空间要素进行连续且重复的排列，令各要素之间保持恒定的距离、关系，从而形成极具秩序感的空间形象。其具有无限延长的特点，可以促进公众进行延伸想象。通常在公共空间设计中运用带有形状图案的装饰、对顶部界面进行规律性造型处理等，可以运用连续韵律。

二是渐变韵律，在连续韵律的基础上，对重复出现的形成组合的要素，针对某一方面有规律地进行变化，如加长、缩短、变宽、变窄、变密、变疏、变浓、变淡、变高、变矮等，就能够形成渐变韵律。其通常会带来一种循序渐进之感，因此在进行空间引导时比较常用，而且其具有一种变化的美感。

三是起伏韵律，在渐变韵律的基础上，将其进行一定规律的变化，使之产生一定的波澜起伏或其他方向上的规律性变化，就会形成起伏韵律，类似看到无限延伸的波浪线，会给人一种活泼且具备动态势能的效果，可以令空间感受更加灵动。

四是交错韵律，在上述各种组合要素之间进行有一定规律的交织、穿插、隐蔽、显现、遮盖等，这样就会形成交错韵律。通常较为简单的交错韵律可以运用两种组合要素进行横向或纵向的交织和穿插来实现，而复杂的交错韵律则可以运用多种组合要素，进行多向的交织和穿插，包括斜向、侧向、内向、外向等，从而产生令人眼花缭乱的空间交错韵律感。

当空间要素通过不同的组合方式，以特定的有规律的变化形成韵律后，就会产生一定的节奏，而不同的韵律形式以特定的方式进行呈现后，就会形成连续不断但极具艺术性的节奏感，而且这种韵律感和节奏感的设计原则还可以被应用于公共空间的装饰设计、陈设设计、光影设计等中，最终设计出多样且统一、和谐协调且极富美感的公共空间环境。

（四）比例与尺度

在公共空间的设计过程中，协调的比例才能引起人们的共鸣，才会使人感受到美感，而且各个空间要素和组合要素之间，以及要素与整体之间，都需要保持一定的较为确定的比例关系，只有比例在一定的制约范畴之内，才能让人感到协调，若超出这个范畴，就很容易导致比例失调，从而让人感到极不舒适。这里所说的比例，主要指的是公共空间设计中各要素的高度与宽度比例、宽度与长度比例、个体与组合的尺度比例、组合与组合的尺度比例、组合与整体的尺度比例，等等。

公共空间设计中的各要素的形状和搭配，其实都是与空间比例、空间尺度以及人体尺度密切相关的。这里的比例，指的是空间中各要素之间的数学关系，是整体与局部、局部与局部、局部与单要素之间的数学关系；而这里说的尺度，则是指人与空间各要素的比例关系中形成的一种心理感受。

综合而言，尺度分为两种类型，就是上述所说的整体空间尺度和人体尺度，整体空间尺度指的是空间各要素之间比例和尺寸的关系，人体尺度则是人体尺寸与空间要素之间的尺寸比例关系。所以，在进行公共空间设计的过程中，需要同时采用两种尺度，一个是以空间为主体的尺度，一个是以人体为主体的尺度，两个尺度侧重点不同，又具有一定联系。

进行公共空间设计时，需要保证空间尺度与功能使用要求相一致，而且是多方位的功能要求，如宾馆客房需要为客户制造宁静、舒适的空间氛围，但是空间过大不仅会造成空间的浪费，而且会令使用者感到无所适从；又如对人流量较大的开放型公共活动空间而言，过小或者过低的空间都会令人感到局限和压抑，因此开放型空间所要求的尺度感更大，这就使得除满足公共功能要求外，营业大厅、博物馆、车站等都会具有较大的面积和高度，以便能够在精神上带给人一种博大、宏伟、富有力量的气氛感受。

在处理室内公共空间的尺度时，需要着重考虑到空间的高度对人感知的意义，在空间所具备的三个量度中，高度对尺度的影响远远大于宽度和长度。运用空间的高度时，需要从两个方面来分析，一是空间的绝对高度，即总体的实际高度，若实际高度不当，就会令人感到不舒服乃至压抑；二是空间的相对高度，即根据其长度和宽度所产生的面积来看待高度，当绝对高度不变时，面积越大，则空间带给人的感觉就越矮，而高度若能够和面积保持一定比例，则可以产生一定的吸引关系，从而给人一种亲切感。

在公共空间设计过程中，空间的尺度感会随着高度改变而变化，当面积不变而高度变大时，会带给人一种高耸宏伟感，而面积不变高度变小时，则会带给人一种沉闷和压抑感。设计者可将这种尺度感变化灵活地运用于设计之中，以实现空间尺度感和功能特点的匹配，从而给予公众一种意想不到的感受。

另外，除纯粹空间的长度、宽度和高度的尺寸变化，对比人的尺寸会带给人不同的尺度感之外，在人体的视觉角度也有对空间的错误感知，即空间的色彩、结构构件大小、门窗尺寸、位置、家具和陈设大小、光亮度的强弱、材料的肌理等，都会在一定程度上影响人对空间的尺度感，因此在进行空间设计时同样需要将这些因素考虑在内。

四、公共空间造型设计原则

在公共空间的设计中，造型设计是非常重要的一项内容，空间的形状、空间尺度的大小、空间的分隔和组合、空间的联系、空间的各要素搭配等，都会影响空间的造型处理。因此，公共空间的造型设计同样需要遵循一定的原则，具体表现为以下两方面内容。

（一）造型设计要符合公共空间的性格特征

通常情况下，公共空间的造型设计会在很大程度上决定空间的性格，空间的性格其实就是整个公共空间所期望表现出来的种种特征和功用的集合。举例来说就是，有些公共空间需要带给人庄重、肃穆之感，如宴会厅、会议厅、博物馆、大型图书馆等；而有些公共空间则需要带给人自由、随意、流畅、自然的氛围，如购物广场、步行街等。

在人的感官中，通常严谨规整的几何形空间，如方、圆等形状，多数会给人以肃穆、平稳之感；不规则的空间造型，如梯形、锥形等，多数会给人以流畅且随意之感；而较为封闭的空间，则会带给人安静、隐秘、内向的感受；开放空间则会给予人流畅、豁达的感受；较大尺度的空间，会给人以开阔宏伟感；而低矮尺寸的空间，则会给人温馨亲切之感；水平向大空间因为重心较低，会给人以开阔、舒展、平稳之感；而垂直向大空间则带有宏伟壮丽感，具有较强的纪念性，能够引导人的视线直接向上仰视，因此很多烈士纪念碑都会设计成高耸的造型；斜向的空间则会带给人较强的动态感，尤其是趋近于水平的斜向空间，具备极强的导向特征，但也会给人以不稳定之感，若其与其他空间序列连接，就会产生一种对比、衬托、有动有静的变化感。

公共空间的造型设计会决定空间性格，同时空间的造型又受其功能要求影响，因此空间的性格很大程度上是空间的功能流露，类似于一种人们在认识空间造型过程中约定俗成的一种基本审美认知，这就是空间的符号特征。最直白的例子就是，人们常常会说某个建筑或公共空间看上去像什么，这就是空间的符号特征，也就是空间功能的外在流露。功能要求不同，空间的造型就会产生变化，从而形成独特的空间性格，如幼儿园主要是服务于幼儿的空间，因此其空间内的各个要素尺度相对就会小于其他空间中的要素尺度，人们看到就能够认识到这是幼儿园。另外，有一些公共空间的造型设计看似与空间使用功能没有直接联系，空间性格的表现也好像与功能无关，但其实这类空间的性格特征并非依靠物理功用来反映，而是依托于精神功能来反映。比如，纪念性空间需要唤起人们庄严和崇高的感受，因此此类空间的造型设计所体现的性格会更加稳重。

在公共空间造型设计表现空间性格的过程中，还需要注重表现出空间的个性，即该空间与其他同类功能的空间有何种不同，展现出空间特有的艺术表现力，而这种造型设计的目标是形成一种个性品牌。比如，国家大剧院的建筑风格和造型设计在观演空间中极为与众不同，这种体现和感受就是空间的个性。

（二）造型设计要满足公共空间的合理利用

公共空间设计是对建筑空间进行二次设计，令其更加符合各项功能的展现，以便满足公众物质需求和精神需求，但其中一些空间还需要更加合理地进行利用，这就需要凭借造型设计来实现。

公共空间的功能可谓多种多样，尤其多功能空间更是如此，但有时一些公共空间在建设之初就有先天不足，如平庸感、大而无用、无法满足使用要求等，这样既浪费空间，又无法呈现出良好的艺术效果。而解决空间先天不足的最佳方式就是依托于造型设计来实现空间的合理利用。

最常运用的促使空间合理利用的造型设计手段就是设置夹层。即通过单排列、双排列、U形排列、环形排列等形式实现夹层与原有空间的完美融合，并展现出极富特色的艺术感，既充分利用了浪费的空间，又提升了艺术呈现力。

设置夹层通常以实现两个方向的需求为主。

一是为了实现各类功能需求。比如，空间很大的购物中心、商业空间、展览空间等，为满足功用可以设置多层人行天桥，这样在满足公众行走需求的同时，还可以运用天桥交错、穿插等形式来丰富空间的层次，既合理运用了空间，又提高了空间的层次感；又如，一些休闲娱乐空间中的楼梯和电梯附近通常会有一个小空间，其完全可以发挥作用，如被设计为休息场所或设置为装饰景点，都可以促使空间的合理利用，同时强化空间的功能。

二是为了实现公众精神方面的需求。比如，在较大的公共空间中设置各种夹层或竖向立柱，以丰富空间的层次感和灵动感，改变原本空间的沉闷和呆板，使整个空间更具韵律和节奏，有效地让公众的精神得到放松和提升。又比如，可以在空间跨度较大的公共空间中间设计各类装饰，通过交叉、层次、接合等形式，形成不同的抽象造型，组成极具艺术性的立体画面。

第三节 当代公共空间设计的相关元素

当代公共空间的设计，是造型艺术的呈现和表达，而形态的构成则是造型艺术的基础，因此对当代公共空间设计所涉及的相关元素，主要从形态构成方面来进行分析。将其形态构成进行分解后，主要有以下几项最基本的设计要素。

一、公共空间设计的基本要素

公共空间设计的基本要素，主要是由点、线、面、体组成的，其抹掉了物质本身的特性，因此也被称为概念要素。其中，点要素是其他各个要素的原生要素，一连串的点能够延伸为线，线进行旋转展开则成为面，面通过搭配则聚合成体。

（一）点要素

从点的概念而言，其并不具备大小、长度、深度等，但是当点作为公共空间设计中形态构成的基本要素时，则需要将点的基本概念进行延伸，即当一个基本形相对于周围的环境的基本形较小时，就可以将这个基本形看成一个点。

从点的概念来看，点是没有形状的，但是在空间设计之中，点却是随处可见的，通常可以将公共空间设计中存在的较小的形看作设计过程中的点要素。在一个巨大的空间之中，通常点能够起到标明位置、使人视线聚集的作用，从这个角度而言，公共空间设计中的点要素是无方向和静态化的。比如，空间之中小的装饰物、墙面交会处、房顶交会处等，都可以视为点。也就是说，只要在空间之中，以位置为主要特征且对于空间而言足够小，就都可以被视为点。所以，在一个公共空间中，一幅画相对于一面墙、一件家具相对于一个房间、一个平台相对于一个大厅来说，都可以被视为点。其最大的目的就是实现视觉重点，突出自身的存在以完成位置标明，所以当公共空间的一个点太小不足以成为视觉重点时，就可以利用多个点形成点群来增加其分量，最终实现聚焦视觉的效果。

虽然点要素在公共空间设计之中属于静态和无方向的，但若其融合于整个大环境中，则只有其处在某范围中心时才会是静态和无方向的，当点偏离范围中心位置，就能够在一定程度上给予人方向感和动态感。

（二）线要素

从线的概念而言，线是没有宽度和深度，但有长度的细长事物。而在公共空间设计层面来看，线的长度是和宽度、深度息息相关的。在设计过程中，可以将任何长度与宽度和深度的比例极为悬殊的基本形看作线，其形状有直线、折线、曲线等。

在公共空间设计中，可以通过各种手段对线进行刻意强调或隐藏，这均会给予使用者特定的心理感受。例如一些墙角线、线脚、结构线条等，都是通过刻意强调来起到提醒作用；又如一些刻意隐藏的线若被人发现，会给人理智、向上、观察力强等感觉。

不同形状的线在公共空间设计中会带给人不同的感受，如直线显得更加明确而单纯，通常能够带给人一种简洁规整的现代感，但也会因为过于简单而给人一种缺乏人情味儿的感受。当然，同为直线造型，其方向不同也会带给人不同的感受，如水平线给人以平和、稳定、舒缓等感受，斜线则会给人以动态感和变化感。另外，直线本身的比例、材质、色彩、搭配的不同，也会令人产生不同的感受，如细长的线会给人细腻纤弱感，而深度宽度较大的线，则会给人以厚重、坚实的感受。

曲线相比直线而言更加富有动感，能够给予人更多的联想，而且曲线的形状极为多样，包括圆弧线、螺旋线、抛物线、波浪线等，其中圆弧线会给人以有向心力量的感受，更具稳定感；螺旋线则会带给人下降、升腾、生长和深入感等；抛物线则具有很强的速度感，有流畅悦目之感；波浪线会富有动态力和活力感。在公共空间设计过程中，可以根据不同的线带给人的不同感受进行恰当的搭配和运用。

（三）面要素

从面的基本概念而言，面是具有长度和宽度但没有厚度的事物，其属于二维概念。但在公共空间设计中，当一个物体的厚度或深度与长、宽的比值较小时，都可以被看成面。公共空间设计中的面要素有直面和曲面两种形状。

公共空间设计中最常见的面就是顶面、墙面、地面等，顶面包括房顶面，是建筑物保护空间的基础要素，也可以是吊顶面，属于内部空间的装饰构件；墙面则主要是空间中的围合要素，其可虚可实，主要是给予使用者限定感；地面则是空间中的支撑面。

所有空间形式中直面最为常见，虽然单独的直面会显得生硬且平淡无奇，但若结合各种工艺，依旧能够实现生动活泼的效果。比如，折面就是直面的灵活运用，是一种组织过的直面，楼梯踏面就是最常见的折面；又比如，斜面是直面的方位调整，能够为规整空间带来一定的变化，带来灵动元素，向上的斜面会引导人视线向上，从而给人以亲近感和吸引力，向下的斜面则会具有很强的引导性，能够给予人一定的速度感。

曲面在空间设计中也较为常见，其通常会和曲线结合，从而为空间带来很强烈的变化。尤其是作为限定和分隔，曲面比直面的限定感更强，通常曲面内侧空间会带给人更强的私密感和安定感，同时又具备一定的动感；曲面外侧则会有很强的视线导向性。通常曲面的效果更多的是弹性、活力、舒展和流畅，能够为空间带来明显的方向性和流动性，引导性更强。

在面要素中融入色彩、纹理、线条、肌理等，会带给人极为丰富的感受，也会起到各种不同的作用和效果。比如，直面的顶棚和曲面的顶棚带来的感觉就截然不同，直面顶棚更简洁稳定，而曲面顶棚则具有很强的距离感，能够带给人更高的视觉感受。又比如，运用色彩的渐变和灯光的明暗变化，也可以为面要素带来动感性和流动性。

（四）体要素

从体的基本概念而言，具有长、宽、高三维的形体都可以称为体，也就是具有三维量度的立体物件。在公共空间设计中，体是由点、线、面综合组成的一种物体形态，而因为形态构成之中点、线和面要素均不是绝对的几何图形，所以上述三要素同样具备体的特性，这就使得从人的视觉感官来分析，能够形成以点要素化为的体、以线要素化为的体、以面要素化为的体以及体要素四类体的形态。

在公共空间设计中，体可以是较为规则的几何体，也可以是不规则的几何体，在室内空间中，体多数是较为规则的几何形体和简单形体的结合，可以看作室内空间的各类构成物，包括墙面凹凸部分、地面凹凸部分、家具、构造节点、结构构件、陈设品等。若空间的尺度极大，上述的这些元素就会化为点或线或面，即化为虚体，而外围的几何形体则成为最大的体。

在公共空间设计过程中，体要素通常会和量、块进行联系，其造型尺寸和重量感，各个部分的比例、材质、色彩、尺度等都会成为影响人感受的因素，如同样是粗大的柱子，表面包裹镜面和表面为雕刻的石面，给人的重量感会截然不同，镜面会给人以重量较轻的感受，而石面则会给人以极为厚重的感受。重量感在整个空间中具有坚实、稳定、支撑的特性，而较多的虚体所构成的空间，则会给人以轻盈感和通透感。

二、公共空间设计的限定要素

在公共空间设计的过程中，有两个限定要素是必须被考虑在内的，即水平要素和垂直要素，这是带给空间一定限定感的要素，也是设计过程中强化、弱化公众各种感受的重要元素。

（一）水平要素

公共空间中水平要素通常是以线或面的形式来体现，主要运用的是面的基本特征，其作为限定要素主要体现在两个角度，一个是基面，一个是顶面。

公共空间设计中的基面，通常是将水平面当作一个图形，在其表面运用色彩和质感的变化，赋予面变化和感知限定，从而使面的界限更加清晰，使面所圈定的范围更加明确。

对基面进行限定的手段主要有两个，一是基面抬起，即抬高基面的局部，从而在大的空间范围内圈定一个具有极强限定感的小空间领域，通常会沿着抬高边缘形成领域界限，而在这个小空间领域中，人的视觉感受会随着基面的抬高产生变化，若在边缘界限部分加入更多变化元素，如色彩变化、形状变化、材质变化、纹理变化等，则这个小空间领域会具备不同的特色和性格，从而给人带来更加多样化的感受。二是基面下沉，和基面抬起的方式相反，即通过空间局部基面的下沉，来划定明显的界限，形成一个独特的小空间领域。但基面下沉给人带来的心理感受会与基面抬起完全不同，因为界限和明显可见的边缘会令小空间领域仿佛进入了墙内，所以给人的心理感受会更加具有限定感，空间的内心也会更加稳定和内向，从而形成一个更加独立的空间。

在上述两种基面处理手段中，基面抬起能够给人带来更多的指向感，会促使人感受到抬起空间的重要性，而基面下沉则可以带来小空间领域的私密感更强的暗示，从而造就一个更加宁静的空间。

顶面通常是作为限定空间范围的内容出现，因为其整个顶面界限是受顶面外边缘和所处面限定的，所以顶面内的空间形式会受到顶面形状、距离地面高度、顶面尺寸等的影响。比如，通常顶面能够反映出支撑空间的特征，为了实现更好的视觉效果，设计顶面时也可以将其与整个空间结构进行分离，从而带来更加积极的视觉特征，且根据对顶面进行不同的处理，也可以对空间中不同的局部空间进行划分，并通过顶面的升降、斜直等来改变空间尺度。又比如，可以通过造型处理，将顶面做成空间相互间隔的样子，强化空间的趣味性和气氛，也可以通过对顶面的色彩、材质、图案的设计来对整个空间呈现的效果产生影响。

（二）垂直要素

相对于水平要素而言，垂直形体和垂直界面的视觉范围和视觉感受会更加受人关注，这也是由人的视觉特征造成的。而且垂直形体通常能够限定空间的体积和范围，给予空间极强的围合感，同时具备承重、控制空间的连续性以及内外部空间环境的视觉感受等作用，还有助于制约空间的气流、声音、采光等。其包括线和面两个主要因素。

垂直要素中的线，指的是用以限定空间转角和边界的线。比如，空间中的柱子在整个空间中就是线，其位于空间中心，可以和空间四周的线划定均等的空间地带，作为中心标识，而柱子偏离中心位置则可以划定不等的空间地带，其与空间四周的线所划定出的虚面能够令人感受到尺寸、形状和位置的不同；而两根柱子处在同一个空间范围内，则可以限定一个空间之内的虚面，三根或更多柱子则能够限定空间中的角等，构成一个由虚面围合而成的通透空间。在空间形体的边缘部分，有时也可以运用垂直要素中的线来加强边界感，如用顶面的边缘梁来建立顶部的界限，使视觉感受得到加强；又如在大空间中设置装饰构架的亭子，也属于通过线来形成虚面，从而起到加强视觉感受的作用。

垂直要素中的面，指的是各种形状与顶面或基面形成垂直关系的直立面，可以将其看作围合面或分隔面的一部分，是分隔空间体积的一个不完整的片段。以单个垂直面为例，其两个表面可以相同，也可以完全不同，从而构建出两个感受完全相似或两个完全不同的分隔空间。比如，最常见的例子就是固定屏风，其能够起到空间过渡的作用，又具有装饰性，能够作为空间中的观赏物，而且对空间的使用和联系不会造成大影响。

单个垂直面通常无法完全限定它所面临的空间，因为其仅仅是一个空间的某个边缘，只有和其他形式要素产生作用和联系，其才能够起到限定空间体积的作用。通过和其他要素进行联系，垂直面可以形成各种颇富特征的形式，如L形垂直面、平行垂直面、U形垂直面、口形垂直面等。L形垂直面最为常见的例子就是转角沙发，将其靠背看作垂直面，就能够非常清晰地划定区域；平行垂直面对空间的限定拥有强烈的方向感和外向性，其还可以通过对基面或顶面进行恰当的处理，加强视觉引导效果，如公共空间中的小型走廊就是最明显的例子；U形垂直面最明显的特征就是一端处于开放的状态，且通常开放的一端拥有较为独特的有利地位，从而提高空间视觉的连续性以及空间之间的联系性，此类垂直面能够给予人一种极为明显的方向性，且尺度上也可以存在极大的变化，最为常见的就是墙壁上的壁龛或空间中镶嵌的凹入空间等；口形垂直面属于四个垂直面围合形成的限定空间，其限定性最强，能够明确地界定一个空间范围，且会令垂直面内部的空间和外部的空间分隔，也是最为典型的建筑空间限定方式。为了对空间进行详细划分和分隔，常采用口形垂直面的方式。

垂直要素在公共空间设计中，给予人最大的限定感，就是根据不同形式的垂直面配合来实现方向引导感、运动感、封闭感等，可以根据公共空间的特性适当运用垂直面，以完成匹配的空间限定。

在公共空间设计中，水平要素和垂直要素均具有一定的开放性，因为在对空间进行明确限定时，通常会将水平要素和垂直要素综合起来运用，最终形成完全独立的内部空间，其空间的封闭感更强，内向性也更为显著，内部限定的空间形态也更加明确和完整，一般运用于对各种功能区进行空间形态限定之时。

三、公共空间设计的基本形

公共空间设计的基本形，指的是由各种基本要素所构成的具有一定几何特征的空间形体。基本形主要分为两类：一类是规则基本形，一类是不规则基本形。

（一）规则基本形

在人的感知中，形体越简单越规则，就越容易被感知和识别，因为较为规则的基本形是人最熟悉的形体，且具备一定的规律性，因此较为规则的基本形会通常被作为公共空间的基本单元，通过基本单元的合理搭配构成复杂的空间形态。

人的感知中较容易感知和识别的规则基本形有很多种，包括球体、立方体、圆锥体、圆柱体、棱锥体、正六面体、正八面体、正十二面体、正二十面体等，其中在公共空间设计中最为常用的是球体、椎体和方体这三类。

球体基本形的特征是高度集中且内向，通常在球形基本形构建的空间中，会令进入其中的人产生一种以自我为中心的感觉，且是一种极为稳定的状态，此类基本形的运用多数体现在大型剧院等公共空间中，其整体的内部造型就是球体基本形。在球体基本形的基础上进行压缩，就能形成半球体，其在公共空间设计中具有中心性，同时能够增加向上的膨胀感；甚至倒过来运用半球体，还会产生极具运动感和不稳定感的体验。在球体基本形的基础上进行延伸，就是圆柱体，其具有一定轴线和延伸性，同时是向心性形体。当其以上下两个平面端直立在空间之中时，会给人一种极为平稳的静态感，因此很多公共空间的支撑柱都会做成圆柱体；若圆柱体的轴线倾斜乃至完全和地面平行时，就会给人一种极不稳定的感受，在需要带给公众刺激感的公共空间中，轴线倾斜或完全平行于地面的圆柱体最为常见。在圆柱体的基础上再进行延伸，就能形成拱形空间，其具有沿轴线聚集的内向性，同时能带给人一种轻松感和柔和感。

椎体基本形通常具有较为尖锐的顶端，根据围成椎体形状的不同特征，可以分为圆锥体、三角锥体、四角锥体等多种不同的类型，其带给人的感受也会有所不同。如圆锥体以圆形底面为基面时，会给人一种极为稳定且挺拔的感觉，但同时因为其围合面是曲面，所以给人一种柔和感；当圆锥体以中轴线为基础倾斜时，就会给人一种不稳定的感觉。三角锥体和四角锥体则不同，其围合面均为平面，所以不论以哪个面为基面，都会给人一种稳定感，同时因为围合面之间形成了极为明显的线要素，所以给人的感觉更加坚挺和有力。不论是哪种椎体，只要其尖端向上，就会带给人一种明显的方向感和上升感。

方体基本形是最为常见的基本形，包括正方体和长方体等，其中正方体的各个面量度相等，因此相对而言缺乏一定的方向性和运动感，但胜在稳定，且辨识度极高；长方体因为有长方向，因此会具有明显的方向性和运动感，会呈现出一定的运动形态，而且对长边的线要素进行适当的加工，能够呈现出更加明显的方向感和运动感。

（二）不规则基本形

在人的感知中，形体越复杂越不规则，感知和识别的成功率就会越低，但也会激发人的好奇心和探索心，因此在公共空间设计中，不规则基本形通常也会大量运用，其存在于我们生活的各个角落之中。虽然不规则基本形的构成规律人的视觉系统还无法完全掌握，即看到之后无法瞬间进行识别，但其同样具有独特的作用。

通常在人的视觉直观感受上，会认为对称构图和形体最舒适、最明显，而不规则的基本形则刚好相反，会给人带来一种极为无序的感受，若通过不规则基本形和空间进行匹配，则可以带给人一种动态的不稳定感，从而增加人对该空间的兴趣度。另外，不规则基本形也是不对称构图的基础。

四、公共空间的构造设计要素

在公共空间设计中，构造设计的要素是影响空间造型和风格特点的重要因素，进行构造设计时必须要结合空间的功能特点、建筑特点、整体环境特点，各方综合考虑才能够创造出更具特色且更为美观和实用的公共空间环境。而构造设计的关键要素就是界面，其主要包括顶界面、侧界面和底界面三项内容。

（一）顶界面设计要素

公共空间设计中的顶界面，就是空间的顶部界面，通常在楼板下通过喷涂进行装饰的被称为平顶，在楼板下再进行吊顶的被称为顶棚。顶界面通常属于各个界面中面积最大的界面，通常会完全暴露在公众的视线中，所以顶界面的设计情况会极大影响公共空间的使用功能和视觉效果。要想通过顶界面的设计来强化空间特色，就需要做到以下三点。

一是需要考虑好公共空间具体功能的要求和服务要求，尤其是声学要求和照明要求。比如，电影院、剧院、博物馆、音乐厅等，其中电影院、音乐厅的顶界面必须要满足对应的声学要求，保证每个角落都能听到清晰的声音，因此，通常音乐厅的顶界面会悬挂各种能够变换角度的反射板，以便达到声学要求；剧院则需要配备专业的照明设备，因此观众厅的顶界面通常需要具备较为豪华的顶饰和灯饰等，这样能够让观众产生愉悦的心情；电影院的顶界面则通常会简洁一些，灯饰的造型处理和灯具都会偏隐藏化，以便促使观众能够将注意力集中到银幕上进行观影。

二是顶界面的设计需要遵循与建筑艺术和建筑技术相统一的原则。比如，大空间的建筑顶界面会有较为突出的梁架。其实在进行顶界面设计过程中，不一定要将其用吊顶的方式封起来，只要处理得当，通过空间元素的组织搭配，再加上修饰或涂饰等，不仅能够节省空间和投资，也能够获得良好的艺术效果。

三是在设计顶层面时需要将通风、扬声器、防火自动喷淋、灯具、空调口等设施纳入设计范围，尤其是灯具，需要选择在满足功能的基础上，可以在一定程度上影响空间艺术呈现效果的灯具，这就需要考虑灯具的体量感，以及与顶界面的比例关系、与整个空间的比例关系等，从而实现不同的空间艺术呈现效果，如呈现朴实感、呈现活跃感、呈现奢华感、呈现平和感等，根据需要呈现的效果来进行合适的顶界面设计。

通常顶界面的设计必然会涉及顶棚造型，具体造型主要有以下几种：平面造型，即表面平整、简洁，特点是配合照明设施可以呈现出光照均匀、糅合、无强烈阴影等效果，比较适合于商场、会议室等；折板造型，即表面凹凸不平，能够和各种槽口接合，可以适应特殊声学要求构造等，适用于剧场、电影院等对声学要求较高的空间；曲面造型，即穹隆拱顶或穹隆顶，空间显得更为高敞且跨度较大，主要适用于车站、航站楼等跨度较大的空间；网格造型，即通过主次梁或井式梁形成网格，或装饰设计中用木梁构成网格，其主要意图是融合传统建筑中的天花，其造型可以通过绘画、装饰、各类玻璃搭配，实现极为丰富的感官体验；分层造型的特点是将顶界面分为不同层次，形成层叠态势，可以中间高逐渐叠落，也可以周围高中间叠落，这样可以呈现出丰富的层次感；悬吊造型，即在顶界面上垂吊各种装饰物、平板或织物等，呈现出不同高低和角度的顶面形态，可以采用不同质地材料和颜色搭配，这样更富动感和艺术效果，通常用于娱乐空间或商业空间。

（二）侧界面设计要素

侧界面也称为垂直界面，是空间分隔过程中最为常见的界面，针对侧界面的设计，要考虑到外饰面的保温隔热，以及内饰面的吸声效果，同时其通常是各种陈设、家具、空间的背景，因此具有很强的衬托效果，不论如何设计都需要保证空间整体格调的统一；另外，需要考虑侧界面的空洞和实体情况，不同建筑和空间组织方式会有不同空实情况的侧界面，对其进行设计时要考虑到内空间的各类关系以及内外的协调关系；侧界面设计需要充分考虑到材料的质感和肌理，以便通过材料特性营造特定的空间氛围，形成特定的空间特点。

侧界面设计通常会辅以颜色或图案，并根据界面自身的凹凸变化、分格、大小等，形成整体图案效果，其不仅不会影响空间的特性和使用，而且能够有效提升空间的艺术感。

整个侧界面设计过程中，最主要的就是通过其展现出空间的时代性、地域性以及民族性，因为侧界面属于最易被公众关注到和看到的界面，能够起到极强的文化引领作用，通过这些空间特性的展现，再与其他空间设计要素进行综合，最终体现出空间的特色和风格。通常侧界面常见的设计风格有以下三大类，可以根据不同的空间特性和功能需求，进行恰当的选择。

第一类是中国传统风格，传统风格就是要保持传统文化内涵和气质的设计风格，主要运用于空间的布局和色彩以及陈设方面，体现在侧界面设计方面，可以运用传统建筑构件、传统装饰图案等，如通过传统建筑中的挂落来装饰空间，采用镂空木格、雕花板或木条搭接等，既有传统感，又有文化特性。比如，在侧界面加入中国传统文化符号内容，包括一些具有引申含义的图案和纹理等，如龙凤、福禄寿、如意等，可以表达喜庆祝福之意。

第二类是西方古典风格，即吸取西方古典建筑的设计风格，包括繁杂的雕塑、夸张的纹样、强烈的色彩、贵重的材质等来装饰侧界面，以便营造多变的氛围，可以针对不同的空间功能和期望表达的特点选择匹配的古典风格。

第三类是现代风格，其主要特征是简约，并不会追求特定的样式，而是通过较为随意的搭配、色彩的搭配、材质的搭配、虚实的搭配等，来表现出侧界面的形式美。通常不会使用多余的装饰，如通过材质自身的纹理搭配，来实现更具艺术性的美感，通常会尊重材料自身的性能和特点，并坚持遵循以人为本的设计理念，强调简洁和自然。

（三）底界面设计要素

底界面设计指的是公共空间地面的设计，其设计要素通常需要和功能需求以及使用需求紧密联系。比如，普通地面设计必须要有足够的耐水性和耐磨性，要便于维护和清扫，因此要避免使用带有众多纹路和凹凸的地面；比如，人员停留时间较久，且交际较多的空间，如办公室等，需要底界面具有一定的弹性和较小的传热性，避免因为人员流动过大致使下层空间不舒适；比如，有些空间会有较为特殊的要求，类似电影院、音乐厅、歌舞厅、"KTV"等，其对声学要求较高，因此要减少空气传播，底界面要避免拥有孔洞和缝隙，同时要做好隔声层。

除了应用方面的要求，公共空间的底界面的面积通常都很大，因此要注意底界面的图案、色彩、质地的选择和搭配，以达到底界面设计风格和整个公共空间的风格与特征相匹配的目的。

第四节　当代公共空间设计与传统文化的融合

中国具有悠久的历史和极为深邃的文化底蕴，这些就是中国源远流长的优秀传统文化。随着中国的快速发展，中国传统文化也得到了极为广泛的传播，对很多国家和地区产生了影响。公共空间作为承载流动公众的重要场所，若将中国传统文化的精髓和内涵运用到公共空间设计领域，不仅能够满足人们逐步提高的精神文化需求，还能够通过空间设计领域的传统文化体现，逐步加深公众对传统文化理念的认识和理解，更能在潜移默化中为传统文化注入更多活力，从而推动传统文化的发展和传承。

一、从艺术设计角度解析中国优秀传统文化

中国传统文化经过了漫长的文明演进和传承才最终得以形成，其不仅内容丰富、生命力旺盛，而且具有极深的底蕴和内涵，本身还具有极强的艺术表现特征，如传统文化中的手工艺就具有很强的艺术感。

（一）从艺术设计角度解析中国传统文化符号

中国传统文化源远流长，且包含的内容极为丰富，其中最适合与艺术设计进行融合的部分，就是中国传统文化符号，其不仅包括文字符号、图腾符号、色彩符号、服装符号、雕塑符号等，也包括很多和地域文化以及民族文化相关的手工艺代表的符号，如脸谱符号、剪纸符号等，还包括数千年历史长河中先民所创作的各种典故、诗词等文学作品代表的符号。

可以说，中国传统文化符号极为丰富而多样，不仅具有多姿多彩的特性，而且艺术底蕴也极为深刻。例如，汉文字已经拥有数千年历史，通过最早的结绳艺术发展为象形文字，又逐步发展为线条文字，这是一种演变的艺术，不仅每一笔、每一画都拥有极为深邃的内涵，而且在发展过程中形成了各种各样的字体，同样能够成为公共空间设计过程中丰富的资源。

例如图腾符号，这是一个民族极为独特的标志性文化符号，是民族文化的重要组成部分，更是其核心的展现。中国作为一个多民族国家，拥有丰富多样的民族文化体系，因此也拥有极为丰富的图腾体系，不论是各种动物崇拜还是植物崇拜，抑或是精神崇拜，最终都形成了一个富有深刻内涵的图腾标志，这些标志均能够在公共空间设计中成为关键的文化元素。

例如色彩符号，中国传统文化中的色彩文化最具代表性的就是五色

观，这种独具传统特征的色彩观念，深刻影响了中国发展历史中各种艺术品的发展和变化，包括戏曲、脸谱、雕塑、陶瓷、水墨画、皮影等。这些色彩斑斓的艺术品和色彩搭配形式，均体现了中国传统文化中的色彩观念，也都可以运用于公共空间设计之中，创造出富含传统文化特色的各种组织元素。

（二）从艺术设计角度解析中国传统民俗文化

作为一个多民族的国家，中国的民俗文化源远流长且复杂多样，不同地域、不同民族都会拥有极为独特的民俗文化，而且在数千年的发展过程中，还形成了很多多民族共同认可的传统民俗文化，最具代表性的就是中国的传统节日，如端午节、清明节、中秋节、重阳节、春节、元宵节等，这些是中国传统的文化特色。除以上这些节日，还有很多极具地域和民族文化特色的节日，如泼水节、火把节、冰雪节、中元节、寒食节、上巳节等，有些节日不同地域和民族的叫法可能不同，习俗也会不同，但节日时间和内涵则较为相似。

这些传统的民俗节日，就是民俗文化最鲜明的代表，将其和公共空间设计进行融合，不仅能够传承和发扬传统民俗文化，而且能够提升地域文化和民族文化的影响力以及传播力，从而实现更好的发展。

二、中国传统文化与当代公共空间设计的融合

在公共空间设计中融合中国传统文化，是对中国传统文化的提炼、思想的借鉴、创新的融合，也是设计理念的艺术发展和传统文化的传承手段。就设计的核心而言，其属于文化交流的重要手段，通过设计作品能够将传统文化的精神、底蕴、内涵和精华予以传播、继承和发扬。

（一）传统文化与公共空间设计融合的理念

将中国传统文化融合在公共空间设计之中，需要遵循以下几种理念。

一是要将传统文化的意境美和设计理念进行融合，体现出综合的艺术性，包括传统文化中的工艺技术、色彩运用、图腾纹样、汉字线条等，需要和空间的布局、意境、特点等进行对应的融合与升华。

二是要将传统文化的精华和公共空间设计的功能核心进行融合，体现出功能性，即在空间设计满足公众使用功能的同时，依托于传统文化

与空间设计的融合，实现满足公众心理需求的功能。

三是传统文化与公共空间设计的融合必须具备时代性，即文化在设计中应用要具备时代特点，不同的时代背景下，公众的审美观、价值观、精神追求都会有所不同，因此融合过程必须要符合当下时代的特性。

四是两者之间的融合必须要具备一定的设计前瞻性，即能够适应与时俱进、不断创新发展的社会需求。传统文化并非一成不变，而是在内核完善的基础上，随着时代的变迁、社会的发展、民众的成长而进步和成长，尤其是如今的时代下，各种文化开始彼此渗透并相互影响，因此在传统文化和公共空间设计融合过程中必须要具备一定的预见性，充分考虑公众特征和发展趋势。

五是传统文化与公共空间设计的融合需要实现传统文化的传承，即需要公众能够在公共空间中深刻了解到传统文化的价值、特征和优势，从而形成传承传统文化的内在意识。

（二）传统文化与公共空间设计融合的手段

传统文化与公共空间设计的融合，需要采用合适的手段才能予以应用，这里简单探讨几种。

首先，可以使用各种传统的处理手法来实现文化与设计的融合。比如，对称手法是传统建筑设计中常用的手法，也是传统文化继承的重要表现，尤其是意境的对称，更能产生冲击性；比如，借景手法是传统园林建筑空间设计的常用手法，本质是通过内外部景色的总体考虑来达到借景生景的效果；比如，留白处理的手法属于传统绘画领域的艺术手段，在公共空间设计时同样可以借鉴，通过空间的灵活布局来实现留白，从而推动空间呈现出画境效果。

其次，可以对传统文化进行简练提取，从而去粗取精，糅合内涵，将其运用于公共空间设计中，实现审美价值的提高和艺术性的升华。简练提取并非简单化，而是需要由表及里提取传统文化元素中的精华，挖掘其与空间设计的功能价值和艺术审美价值相匹配的内容。通常简练提取有三种方式：一是量的简化，即对形体本身进行简化，留取共性形体；二是形体骨骼线条提取，即了解形体的内部结构，对其内在骨架进行提取；三是意境简练，即对形体所表现的意蕴进行提取，之后将其浓缩为神韵。

再次，可以在简练的基础上对文化元素进行灵活多变的创造性应用，即对简练提取出的文化核心元素或神韵进行合乎时代进程和发展路径的创新变化，可以将时代先进文化和传统文化精髓进行融合，创造出更具时代特性的传统文化元素；也可以将文化精髓进行融合、拓展、再架构，从而形成特色文化元素等；还可以对处理手法进行创新，通过新手法将文化精髓从不同角度展现，从而形成文化与艺术的融合。

最后，需要与时俱进并颇具预见性。公共空间设计本身就有一定的发展趋势，而这种发展趋势和传统文化的创新发展路径必然有其交会和联系，因此需要根据设计的发展趋势，融合文化的创新发展方法，并对时代具有预见性，从而融合出具有前瞻性的设计方案。尤其是在如今知识全球化、文化多元化的时代，文化的碰撞和交融极为常见，因此在进行公共空间设计时，可以对不同的文化风格进行碰撞、融合、杂糅、交叉等，形成特色设计理念。

第三章　岭南文化与公共空间设计

本书前两章已对岭南文化以及当代公共空间设计做了详细的阐释，本章将进一步介绍岭南文化与公共空间设计之间的关系，接下来将从文化和公共空间设计的关系、文化对公共空间设计的影响以及岭南文化在当代公共空间设计中的价值三个方面来具体介绍。

第一节　文化和公共空间设计的关系

当今，大众对于文化、艺术、美学以及心理等方面的需求越来越多，人们的物质生活已经得到了基本的满足，精神文化受到人们越来越多的重视。在解决了生存这一根本问题后，寻找自己的本源，探求事物或自身的根本出处几乎是每一个人感兴趣的问题。文化的呈现需要借助外力，要有一个凭借，而公共空间设计是一个很贴切的方式。

在现实世界中，公共空间设计涉及人们生活的方方面面，从餐饮空间、历史街区空间、办公空间，到商业空间、娱乐空间、演艺空间等，都有着公共空间设计的痕迹。公共空间设计中有很多利用文化元素之处，包含一个国家或民族的生活方式、思维方式、艺术形式、科技水平、价值观念、道德规范等方面。从广义上看，文化是在人类历史发展中获得的精神、物质的生产能力以及创造的物质财富、精神财富的总和。从狭义上说，文化是一种精神生产能力，属于精神产品，它包含有一切社会意识的形式，如社会意识形态、自然科学、社会科学、艺术等。公共空间设计是文化的一种载体，也是文化的一种呈现方式，因文化是凝结在物质之中但又游走在物质之外，是看不见、摸不到的，既虚且实的人类产物。[①]

由上述简单的阐述可以看出，文化和公共空间设计有着相互依赖、相互影响和相互作用的关系。文化离开公共空间设计，可能就会缺少一种完整的表达方式；而公共空间设计离开文化作为支撑，就犹如有水无源、有木无根。它们之间有着密不可分的关系，本节将从三个方面来进一步阐释。如图 3-1 所示。

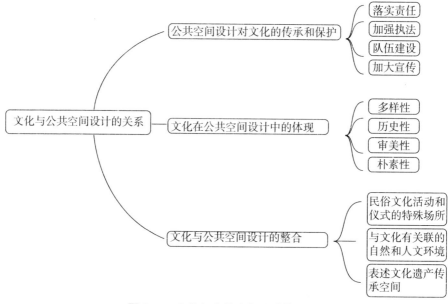

图 3-1 文化与公共空间设计的关系

由图 3-1 可以看出，文化与公共空间设计有着紧密的关系，公共空间设计是对文化传承与保护的一种形式，而文化又可以丰富公共空间设计的样态，增加其审美和历史文化底蕴，两者之间可以进行很好地融合。

一、公共空间设计有助于更好地保护和传承文化

文化的传承需要一个有力的载体，文化的传播也需要一个形式，公共空间设计可以充分地表达出文化的内涵，室外的公共空间涵盖街道、

[①] 唐粉英.基于山水相宜性的客家民居公共空间设计方法研究——以陆河县为例 [J].
城市建筑,2020(11):91-92.

商业广场、居民区户外场地、公园、体育场等，室内公共空间涵盖餐饮娱乐场所、酒店、民宿、图书馆等。只有通过这些方式，将文化融入大众现代的日常生活和工作中，才能更好地保护和传承文化，才能将文化的基因持续传播发展下去。[①]

同时，公共空间设计在传承文化和利用文化元素时，还应当注意文化的保护工作，其具体措施如下。

（一）落实责任

地方文化监管部门需要将文化保护工作列入重要工作事项，并将文化保护工作归入社会和经济发展以及城乡规划中。建立和健全文化保护责任制度和责任追究制度。同时，还要建立文化遗产保护定期通报制度、公众和舆论监督机制，将文化保护工作民主化和科学化。政府机关、企事业单位、社会团队、学术机构、社会上相关文化创意公司之间要加强沟通交流，共建共创。

（二）加强执法

地方政府和相关主管部门需要加强法制化建设，加强文化遗产保护工作的落实，积极执行《非物质文化遗产保护法》和《历史文化名城名镇名村保护条例》等法律法规，同时其他更为具体的法律法规也在积极地起草和制订中，尽量避免因决策失误、玩忽职守造成文化遭破坏以及流失的现象。

（三）队伍建设

地方人民政府要将文化保护经费纳入本级财政预算，保证保护经费的充足，相关部门可以调动社会力量，发掘文化保护相关人才。除了培养文化保护和管理的相关人才，还应积极招揽有相关经验的社会人才，填充到文化保护的队伍中来，构建文化保护的组织结构，并配合管理制度。此外，还要重视文化保护技术的研究和提高，增加文化保护的渠道，通过各种方式提高文化保护的质量和效率。

（四）加大宣传

除了从自身加强文化保护的力度，还要加强对文化保护的推广宣传，

---

① 章桐菱.岭南文化中的图案符号在群众文化中的衍生[J].大众文艺,2019(4):11.

将文化保护意识灌输到每一个人的心中，地方各个文化保护组织可以利用各种形式进行宣传。例如，举办以"文化保护"为主题的宣传活动，举办各类展览、讲座、论坛等，以科普和宣传为主，让公众系统全面地了解文化的丰富内涵。与此同时，地方教育部门也可以出版文化保护相关的书籍、宣传册或宣传页等。另外，相关部门也可以组织学生或公众到文化主题公共空间进行参观学习，通过更直观的方式强化公众对文化保护的认知。最后，也可以通过参观学习，与自身行业相结合，在增强文化保护意识的同时扩大文化的传播范围。

二、文化在公共空间设计中的体现

上面提到公共空间设计有助于更好地保护和传承文化，下面介绍文化在公共空间设计中的体现。这里首先涉及文化元素的概念，而后将介绍文化元素的基本特征，最后再综合阐述文化元素在公共空间设计中的运用和体现。

（一）文化元素

文化元素又称为文化物质，它是组成文化的最小单位。文化特质是能够发挥一定文化功能的元素，比文化元素更小的元素就不能称作文化元素或是文化特质，如一个印有文化符号的玻璃杯是文化元素，但制作玻璃杯的玻璃材质就不是文化元素。

文化元素有儒家文化和客家文化两种类型。再具体看，中国文化元素包括图腾祥瑞文化、思想教育文化、音乐戏曲文化、书画剪纸艺术、服饰文化、生活文化、中医文化、中式建筑与家具装潢、信仰文化。其中，生活文化包含饮食文化、礼仪文化、陶瓷文化和节日文化。

（二）文化元素的基本特征

传统文化元素是中国具有独特艺术魅力和深厚文化底蕴的精神财富，其具有独特且鲜明的特征。

1.多样性

中国传统文化元素具有丰富多彩的特性，其包含的题材广泛，内容丰富，形式多种多样，如民间民俗艺术、琴棋书画、戏剧服饰、笔墨纸砚等。

2.历史性

传统文化具有历史性，华夏文明源远流长，经历了几千年的发展演变，形成了具有自身特色和内涵的历史文化特征。在每一个历史时期，文化都会随时代变迁而不断丰富和发展，文化的元素就是从这些时代的特征、百姓的生活方式、社会的发展势态中提炼和凝结而来，因此，这些元素中包含了丰富的信息，具有独特的时代特征，反映了同时期人们的精神风貌和生活审美。[①]

3.审美性

各个时代表现出的文化元素，在提炼和凝结的过程中，经过了审美的"箩筛"，淘洗出具有鲜明审美特性的文化元素，所选出的这些精华部分也是经过了漫长历史时期的过滤，将美的、艺术的、经得起时间打磨的文化元素留存至今。

4.朴素性

留存至今的文化元素都简洁朴素并且贴合生活，一些冗余的内容和形式都已被过滤掉。优秀的文化元素可以长久地传承下去，正是因为这些文化元素自身所具有的朴素性，也是因为几千年来人们对于朴素事物的认可和接纳。文化的朴素性可以表现为质朴、无修饰、专一纯粹、至精至简以及至美至深。《庄子·天道》中有言："静而圣，动而王，无为也而尊，朴素而天下莫能与之争美。"可见先贤在很早以前就已经意识到朴素所蕴含的力量。

（三）文化元素在公共空间设计中的运用和体现

文化可以在众多领域中具体体现出来，其中包含商业空间、餐饮空间、休闲娱乐空间、酒店空间、办公空间、演艺空间、展览展示空间等。进一步具体到每个独立的公共空间中，则体现为空间的装饰、空间的材料、空间的形状、空间的质感、空间的色彩、空间的陈设与绿化小品等。

在进行公共空间设计时，要想融入文化元素，公共空间设计师首先要对文化的内容和内涵有一个深刻理解以及广泛的积累。并且公共空间设计师对于优秀文化还要具备一定的鉴别和鉴赏能力，这样才能更好地

---

① 易立飒.中国优秀传统文化与儿童公园景观建设的融合——以广州市儿童公园为例[J].绿色科技,2018(15):27-28.

掌控文化元素，明确文化与公共空间设计之间的关系，思考如何将两者结合起来才能产生最大的视觉和个人体验的冲击力。在这一思路的铺垫下，公共空间设计师还应具有创新和跨界的意识，并不是原封不动地把原有的文化元素直接拿来使用就一定正确，也并不是一味地求创新就是最佳的方式，文化运用的创新要把握一个"度"。在原有文化得以保留的前提下，加入现代新技术和新材料，找到一个完美的契合点，让大众在欣赏时不会有任何的不舒服。体现文化元素创新的另一个思路是将文化进行延续和伸展，其延续所需的载体是公共空间设计师对于文化的深入理解和解读，以及在公共空间设计时表达的过程。公共空间并不是冰冷的建筑装饰，材料拼装，它更需要文化元素的融入，文化是公共空间可以长久保存的精神灵魂，有了文化的加持，公共空间设计的理念也会充满活力。正是因为有了文化基因的注入，公共空间设计才显得和蔼可亲、生机勃勃。[①] 正如，一个屋子里放入一盆盆景，整个屋子瞬间就会充满生命力，不再死气沉沉。

现今大众已不再局限于对物质的需求，对情感层面的需求也在与日俱增，甚至可以说大众对于情感的需求程度要高过对其他方面的需求。而文化能带给大众的就是情感层面的体验，文化的内涵在这方面发挥着重要作用。

文化也不是死板的物件，从某种程度上可以说它具有生命，它拥有活力，它生生不息。因此，人们可以与文化进行交流，融入文化的公共空间也可以与人进行交流，与人进行互动。公共空间设计师可以以此为切入点，在公共空间中加入更多发人深省的元素，引发人们对文化、历史、社会、人文、自然、人类自身等进行思考，像是空间对人提出一系列问题，需要人们去探寻问题的答案一样；根据空间所包含的文化信息传达给人的各种感观，表现出自己对于空间环境的理解程度，这种反馈聚集在一起，会呈现出正向或是反向的影响，同样会作用在公共空间设计上。

---

① 赵洁，罗东燕，张碧雪，等.岭南建筑元素在现代建筑中的运用研究——以东莞可园为例 [J].家具与室内装饰,2018(10):94-95.

三、文化与公共空间设计的融合

对文化与公共空间设计的融合的解释，在这里需要引入一个概念——"文化空间"。所谓的文化空间，有三种理解方式：

一是特指按照民间约定俗成的传统习惯，在固定的时间内举行各种民俗文化活动和仪式的特定场所，它同时具有时间性和空间性。如黄帝陵，它是一个典型的文化空间，很多与黄帝祭祀相关的文化活动和仪式都会在黄帝陵举行；汉代的龙王庙也具有类似的特性，这是祭祀龙王、祈求雨露等祈雨仪式活动的特定场所。

二是泛指与传统文化的产生和发展密切相关的自然环境和人文环境，这类环境就是所谓的文化空间。例如侗族的大歌，其唱歌的场所——古楼，就是一个特定的文化空间；而对于划龙舟的习俗来说，特定时间、特定地段的江河就是一个特定的文化空间。当然还有我们常见的庙会，在每年的固定几天时间里，固定的庙会场所就是一个特定的文化空间。

三是在一般的文化遗产研究中，文化空间也作为一种表述遗产传承空间的特殊概念，"可以用于任何一种遗产类型所处规定空间范围、结构、环境、变迁、保护等方面的，因而具有更为广泛的学术内涵"。

"文化空间"也称为"文化场所"（Culture Place），是联合国教科文组织在保护非物质文化遗产时使用的一个专有名词，主要指人类口头和非物质文化遗产代表作的形态和样式。由于文化空间是非物质文化遗产中的用词，文化空间的释义只能以非物质文化遗产为基础。但在本书中，所阐释的文化中包含非物质文化遗产，因此，可以将其做进一步的引申使用。

第二节　文化对公共空间设计的影响

中国传统公共空间一直以来都是以线性为主，有悠久的历史和文化基础。古代传统公共空间布局大多以皇宫为中心，进行整体的规划和设计，而对普通民众的服务则少之又少。民众的生活基本上集中在以庙会、街道和集市为主的带状空间中。如今，随着社会的发展、经济的进步、交通的便捷以及商业的发展，一些公共文化空间的范围也得以延伸，具备了更为浓厚的生活和商业气息及空间构造的活力。

文化可以提升公共空间的辨识度，增强公共空间的文化性，这就要求公共空间的设计也要通过文化元素的融入，来体现出公共空间自身独特的个性和与众不同的文化性。文化是人类劳动生产的记录和精华，它是衡量一个地域文明程度的标准。一个地域的发展程度取决于这个地域居民的文化素养以及对新文化的接纳程度。大众也应当培养自己的文化素养，进一步提升自身选择、归纳以及解读文化的现代意义。公共空间在塑造时，需要充分利用线性空间的布局和形态，构建出流畅、完整、系统、有生命力的空间。公共空间在设计时，还要充分了解当地人文环境、地理环境、生活方式、心理图景以及风俗习惯等相关内容，提炼出其中的精华，加强大众对公共空间的认同感和荣誉感。

上一节笔者已经阐述了文化与公共空间设计之间密不可分的关系，这一节将进一步阐释文化对公共空间设计的影响，本节将从儒家、道家、佛教三个方面来详细阐释文化对公共空间设计的影响，如表3-1所示。

表3-1　文化对公共空间设计的影响示意表

文化思想	文化思想出处	文化对公共空间设计影响的表现
以人为本，微言大义	儒家	以人为设计主体，以小见大
道法自然	道家	空间设计中虚实结合的运用
超然物外	佛家	空间设计中客观审视

一、以人为本，微言大义——公共空间设计中的儒家元素

儒家的仁义礼智信等道德思想，一直绵延几千年并流传至今，已深深刻入每个人的心中，这些思想皆围绕"以人为本"的思想来延伸扩展。其中，一切公共空间设计的理念和思想都是以人为中心来展开，人是其中的生命主体，人是空间设计的牵引者，公共空间设计从人开始开枝散叶。

儒家思想里的微言大义，从小处着眼，以小见大，一叶而知秋。在公共空间设计中，设计师往往会通过一些精致小巧的物品，来传达一种设计理念，有时物件虽小，但其中却包含着丰富的思想和内涵，甚至也可以扩展出一个世界或是宇宙。

二、道法自然——公共空间设计中的道家元素

道法自然是道家的主要思想，道家对自然的尊重和师法是其思想体系中很重要的一部分。大自然中几乎包括了这个世界运行的一切智慧与原理，自然也几乎可以提供一切已知和未知的元素，这些元素都可以为空间设计所用。道家的道法自然也是尊崇了自然的法则，提炼出了一套自己的思想体系，并从中不断地发展演进。

道家虚实相生的理念在公共空间设计中得到普遍的应用，不只是在公共空间设计上，在很多领域都会看到蕴含虚实相生理念的元素，如绘画中的留白、诗歌中的虚实相间、军事战略上的虚实结合、摄影中的朦胧之美等。[1] 在公共空间设计中，一个有限的空间中并不是安排的装饰元素越多越好，也不是越密越好，而是要有一定的空间留余，让置身其中的人可以有个喘息的机会，让欣赏的人看得舒服，人们到这样的空间里本来就是要放松的，而不是让身心更加疲惫。

大自然中处处体现着虚实相生的意境，树叶间透出的光线、树下呈现的斑驳的阴影、鸟儿编织的镂空的巢穴等，其中的明与暗、深与浅、虚与实，都是一种虚实相伴相生的自然美学。道家师法于自然，将自然中这一美学精髓提取出来，表现为虚实相生的规律。[2] 通过一个场景可以进一步感受虚实相生理念在公共空间设计中的应用。

---

① 易凯. 岭南传统建筑元素在丹霞旅游综合体景观设计中的应用 [D]. 昆明：昆明理工大学,2018：25.

② 辛圣炜. 岭南当代博物馆庭园空间设计研究 [D]. 广州：华南理工大学,2020：29.

第三节　岭南文化在当代公共空间设计中的价值

当代公共空间设计一般包括六大元素：功能、空间、界面、饰品、经济、文化。公共空间设计师在进行空间设计时，都会从这六个方面来考虑空间设计作品的形态。岭南文化在当代公共空间设计中的价值也从这六个方面来具体体现，岭南文化可以优化当代公共空间的功能、改善当代公共空间的空间构造、优化当代公共空间的界面、丰富当代公共空间饰品的装饰性、凸显当代公共空间设计的经济性、彰显当代公共空间设计的文化内涵，如表 3-3 所示。

表 3-3　岭南文化在空间设计中的价值表

岭南文化在空间设计中的价值	呈现方式	蕴含的岭南文化元素
优化空间功能	实用、虚实结合	佛家、道家
改善空间构造	虚拟空间通过色彩、材质、高差来表现	广彩等
优化空间界面	墙面、顶面、地面	岭南画派、岭南书法
丰富空间饰品装饰性	桌摆、挂件等	广绣、粤剧
凸显空间设计经济性	小巧、朴素、实用	以人为本
彰显空间设计文化内涵	设计中暗含岭南文化元素	心与"心"的沟通

一、优化当代公共空间的功能

评价公共空间设计的优劣，首先要考虑的是其功能性，即在使用或是欣赏时是否实用，是否可以发挥其应有的基本功能。一件当代公共空间设计的作品，如果其他方面都很完美，唯独在功能上缺乏实用性，只可作"花瓶"陈列起来，或是根本就没有任何意义和价值，那么这就是一件失败的作品。因此，公共空间首先要做到的是满足人们使用的各种要求，如最基本的居住、办公、社交等功能。公共空间设计师在进行空间设计时，首先考虑功能属性。

岭南文化中吸取了由中原地区传入的儒、道、佛等各家的思想，并在这个基础上又进行了文化的创新，诞生了陈献章、湛若水等诸多儒学大师，开创了明代心学的先河；惠能大师创立了禅宗南派，这一中国化的佛教，在后来影响了整个中国乃至世界。

而儒家的以人为本、微言大义的思想，就是要求设计师站在人文的角度，在设计中更多地融入舒适、实用的功能，充分考虑人体工程学内容、人体舒适度、人的审美需求等，用精致小巧的点缀来表达朴素的思想和理念，见微知著。"小"并非就不重要，它可以有更大的表现张力，表面上虽然给人感觉"小"，但也可以集聚更大的力量，通过一个表现出口，将文化能量爆发出，其前后的反差可以产生独具魅力的效果。例如，即便是一把简单的小木椅，也需要参考人体工程学的原理，完美地满足人体坐卧的需求。以人为本——岭南文化的这一文化元素，甚至在当代公共空间设计中的很多方面都会有所体现，人的需求是设计师最主要考虑的方面，因此，空间布局中几乎处处可以体现出以人为本的设计理念。

道家在岭南的传播和发展，受岭南当地民俗文化影响极为显著，因而岭南的道家文化极具岭南地区的民俗色彩。岭南文化在优化当代公共空间设计时，道家的虚实相生思想在公共空间中也多有体现。例如，空间中用条格隔栅作为空间的区隔，即将大空间区分成小结构，也不减少相邻两个空间之间的沟通和交流，这便是虚实相生思想的体现。

二、改善当代公共空间的空间构造

当代公共空间在有了基本的功能性之后，就进一步要求其在空间构造上有一些精巧的设计，空间构造围绕着功能的区划，通过空间的表现手法，将功能性完整地展示出来。其中岭南文化发挥着不可替代的作用，也体现了岭南文化在当代公共空间设计中的价值。公共空间设计中常见的形态有封闭空间、地台空间、下沉空间、母子空间、虚拟空间等。①公共空间设计师可以利用各种表现手法来构建这些类型的空间，这需要满足现代人的物质和精神层面的需求，并且也要同时满足技术的合理性。

道家的虚实结合思想在当代公共空间设计中的运用是一个很好的例证，在这里引入一个"虚拟空间"的概念，它是公共空间设计师利用各种不同的设计方法，对已有的空间进行区隔和限定的空间表现手法。运用"虚拟空间"的表现手法，不但可以增加室内或室外的公共空间，而且可以丰富公共空间的设计元素，使得公共空间更有层次感，不管是在视觉上还是在感官和情感上，都会给人以美的享受。虚拟空间在公共空间上的表现具体有两个大的方面。

（一）虚拟空间在地坪上的表现

1.通过大面积不同材质色彩表现虚拟空间

室内或室外的虚拟空间包括动态和静态空间，或是固定和可变空间。在表现这些空间时，通常会利用较大面积不同的材质，以材料的特性来区分空间的特点，比如，室内的休息区、餐厅、走廊、休闲区等地面，通过地面材质的变化让休息区形成静态空间，让餐厅、走廊和休闲区形成动态空间。材质的选择可以借鉴广彩和广绣的元素，通过铺设不同花色材质的地板或是铺设不同花色的地毯，都可以达到不同的效果。②虽然实际上它还是一个整体的空间结构，但在视觉表现上却可以看出各个小的空间的区分，达到了空间区隔的效果，若花色和样式搭配得当，人们自然会认可。这中间的虚与实的搭配和交融就是道家虚实相生的极佳示例，可在具体事例中做具体分析。

2.通过局部材质上的变化限定空间

在大面积的空间上对虚拟空间进行区隔后，设计师还可以通过局部材质的变化对虚拟空间做进一步的层次限定，在已完成的大的虚拟空间中构建局部变化的虚拟空间。例如，可以在休息区铺设一张潮州刺绣的工艺地毯，这样就可以使客人就座休息的空间视觉效果更加突出，并且

---

① 吴珊.基于岭南传统装饰图案的室内软装艺术设计分析[J].艺术品鉴，2019(21)：208-209.

② 薛颖.近代岭南建筑装饰研究[D].广州：华南理工大学,2012：4.

这样也增加了休息区的岭南文化的艺术氛围。[①] 在工艺地毯颜色和样式的选择上应侧重以柔和的色彩配以舒缓的线条，这样就可以让客人有一种放松舒适的感受，同时也会觉得更加亲切，以进一步提升休息区的舒适度。此外，还可以通过局部拼花或者收边图案来限定休息区的范围。以上这些手法可以让人在步入这一区域时，不由自主地放慢脚步，放低说话的声调，身体也会随之放松下来，准备进入一种休息调整的身体状态。这种虚实结合的手法还可以很好地节约有限的空间，同时也会省去一部分用作空间区隔材质的费用，一举两得。

3. 在不同地坪标高中表现虚拟空间

通过改变地坪的高低可以营造出不同的虚拟空间效果，这种感觉跟实际区隔的空间不甚相同，但从视觉上可以直观地感受出来。例如，餐饮区与休息区同在一个大的空间中，如果将餐饮区的地坪标高做高，休息区的标高做低，让两个部分产生高度上的差异，就可以表现出两个明显的虚拟化空间，并且在空间上也增加了一种递进效果和层次感。这也是一种虚实结合的思想，直观上并没有隔断出单个的空间，但实际上却达到了区分空间的效果，使得一个大空间有了不同的区域，并且丰富了空间内的元素，让空间为多元的内涵创造了更多展示的区域。

（二）虚拟空间在顶棚上的表现

通过吊顶变化产生的虚拟空间是公共空间中较为常见的空间改造。设计师可以通过不同标高、造型变化、不同的材质和色彩、建筑结构、照明或光线变化的表现手法来表现虚拟空间，下文将做具体阐述。

1. 通过不同标高表现虚拟空间

与不同地坪标高来表现虚拟空间相类似，通过不同的标高来表现虚拟空间，营造各个虚拟小空间之间的层次感，这种层次感可以增强人们内心对区域分隔的认同。当代公共空间设计中对各个功能不同的区域的顶棚做吊顶，通过吊顶的高低来表现出不同区域的区分，吊顶的高低可以做成通常的直角边界，也可以做成柔和曲线的过渡边界。当然这同时也需要考虑吸音的设计要求，休息区对吸音的要求较餐饮区高一些，同

---

① 陈泽泓.岭南文化干部读本系列　岭南建筑文化[M].广州：广东人民出版社，
2019：24.

样色彩和样式的合理搭配也要给人以舒适的感觉，用餐的舒适度以及休息的舒适度也十分重要。吊顶和小空间内的陈设相互协调的设计，也自然会凸显出这一小区域的独立性，并与其他空间区分开。

2.通过造型变化表现虚拟空间

除了在顶棚的标高上进行设计外，通过一定的造型表现虚拟空间也是公共空间设计中常用的方法。例如，休息区的桌椅要与吊顶的形状相呼应，吊顶为方形，则桌椅最好采用方形或矩形设计；吊顶若为圆形或椭圆形，则桌椅也要用圆形或椭圆形来相衬，空间内的各个元素都应是一个统一和谐的整体。[①]并非每一个小的虚拟空间都是独立的个体，它们彼此之间相互衬托和影响，相互融入和渗透，成为一个有机的整体。

3.通过不同材质和色彩表现虚拟空间

当代公共空间设计师将材质和色彩融入设计之中，在材质和色彩上进行设计和变化，使观者产生不同的心理感受。设计师在对室内顶棚进行处理时，即使在相同的标高下，只要将材质和色彩做了区分，也能够营造出不同的虚拟空间的效果，这也正是很多设计师普遍会对顶棚进行材质和色彩处理的原因。[②]公共空间顶棚材质和色彩的处理要与顶棚的设计风格相吻合、相协调，各个局部的造型可以具有自身的独特性，但考虑到整体，局部又不能打乱公共空间的整体风格。虚实结合的另一层含义是可以让人们看到它们彼此之间有明确的区分，但相互之间还存在着密切的联系，虚与实是结合在一起的有机整体。通过不同材质和色彩来表现虚拟空间的手法，会使得当代公共空间中的虚拟空间在视觉上更加具象化，更有整体性。

4.通过建筑结构表现虚拟空间

当代公共空间设计中存在各种各样的建筑风格，不同风格的建筑在结构上也会有不同的表现，但设计师在对建筑结构进行处理时，应当考虑保护公共空间的原有结构，避免不必要的安全事故。在室内空间的结构中，中梁是整个室内公共空间中最重要的部分，这部分对很多设计师来说，会或多或少限制其对空间顶部进行处理。设计师可以利用吊顶处

---

① 刘洪波，文建平.公共空间设计 [M].长沙：湖南大学出版社，2013：54.

② 陈炜炫.山水画视角下的岭南园林的空间造境逻辑 [D].广州：华南理工大学,2019.

理的办法来达到设计的目的，或者在中梁的位置增加一些设计性的元素，例如，根据公共空间实际的结构增加一些具有岭南文化元素的装饰性的梁，使中梁部分的顶部与增加的装饰部分共同构成限定性的虚拟空间，形成中梁部分的虚拟空间。

5.通过照明或光线变化表现虚拟空间

利用照明或光线的变化来表现虚拟空间，在当代公共空间设计中是一种十分简单有效且实用的方式。不同的照明效果可以形成不同的空间感，明亮的灯光往往会使空间变得更加宽敞明亮，而较暗的灯光会压缩空间，给人一种压迫感。设计师在进行空间设计时，白天可以通过引导或遮蔽部分光线来形成局部的虚拟空间；晚上则可以直接通过灯光照明来实现空间的区隔。这里就会涉及照明的形式、灯具的风格以及灯光的效果等设计，整体要配合起来，以构成整体的虚拟空间。[①]例如，室内公共空间往往会利用顶棚灯、反光灯池等设计，在室内顶棚部分构建出一定的虚拟空间。

由上文可以看出，虚拟空间的表现方法有很多种，当代公共空间设计师应当根据实际空间的需求，对家具、灯光等进行合理地配合使用。在进行虚拟空间的构建上，设计师需要注意的是，虚拟空间并不是一个独立的部分，它需要与周围的大空间或是与其相邻的局部空间形成协调的整体风格，这样表现出来的虚拟空间才可以更好地融入公共空间的整体中，从而增加公共空间的层次感。

三、优化当代公共空间的界面

界面通常是指公共空间内部各个表面部分的造型、色彩、材料的选择及处理，其中包括墙面、顶面、地面以及相邻两部分相交的部分的设计。设计师在进行设计时应当明确一个主题，围绕这个主题，使公共空间的建筑主体与室内装饰和布局完美地结合在一起。在考虑界面问题时，公共空间设计师可以引入岭南文化中佛家超然物外的思想，从一个公共空间的外部来看这个空间内的各个元素，或是设计师站在一个游客的角度来看自己设计的作品，鉴赏作品中各个设计元素应用的合理性和审美

---

① 莫妮娜.岭南地域性文化特质在民宿设计中的应用研究[D].广州：广东工业大学,2020：32.

性。设计师有时会不由自主地沉浸在自己创作的精神世界中，很难脱离出来，站在一个客观的角度看待自己的作品；而将超然物外的思想融入设计师设计创作的过程中，可以更容易地从创作状态中抽离出来，可以更全面系统地审视自己的设计效果，让整个空间更加协调统一。

四、丰富当代公共空间的饰品的装饰性

当代公共空间中的饰品是作为陈设的物品，它是在公共空间设计完成后，功能、空间构造、各个界面整合后，对设计的整体效果进行的一种补充，也属于设计作品的点睛之笔。[①]岭南文化中的各种文化元素中，有很多都可以设计成这样的装饰品。例如，岭南画派、岭南书法、粤剧、广绣等岭南文化元素都可以用在装饰品中，这些元素可以是岭南文化的色彩、样式、风格、艺术构造等。这些岭南文化元素的加入可以极大地丰富当代公共空间，可以让空间中充满浓郁的文化气息，陶冶大众的性情，烘托独特的文化气氛。

五、凸显当代公共空间设计的经济性

当代公共空间设计师还需要考虑的问题是，如何在有限的资金投入的情况下，满足公共空间的设计要求、做到实用、有合理的空间构造、空间的界面更加友好且完善、装饰品适合且使用合理、资金充分利用，同时，还要满足低碳环保的设计理念。这就要求空间设计师要充分地考虑设计的经济性，不管是空间的布局，还是材质和色彩的选择，不管是空间的利用，还是装饰品的选择，在设计之初就要将经济性考虑在内。这里可以运用儒家以人为本、微言大义的思想。公共空间的设计过程中，并不是投入得越多越好，材质也并不是选用得越昂贵越好，有时很小的费用就可以解决的问题，就没有必要再用奢侈的高级替代品。见微知著，从小处着眼，就能达到至善至美的效果，并且还能给欣赏者更多的想象空间。如此一来，既节约了各方的成本，也可以收获适宜的效果，这种一举两得的方式从岭南儒家文化思想中提炼并使用至今。

---

① 张宏玉，邱萌，张宇.餐饮空间设计[M].合肥：合肥工业大学出版社，2019：87.

六、彰显当代公共空间设计的文化内涵

人们通常看景物或是装饰，都是静止的物体，但从另一个角度思考，这些静物都可以通过人对其认知的深入而变得有所不同。例如，在一个公共空间中看到一件广彩，其不只是呈现出它的色彩、形状、纹理、绘画工艺、质地、整体结构等，再进一步，人们还能感受到它的形状、色彩等是如何表现出来的。这些深层的文化和历史元素浓缩在一件器物上，需要人们通过自身的认知和经验，以及一个人的感受力，将它上面的历史薄纱一层层剥开，像剥一个洋葱一样，它需要观赏者主动去探寻，自己去感悟，才能发现其中蕴含的秘密。当然公共空间也会及时回馈有力度的信息作为回应。[①] 往来之间，在心与"心"沟通的瞬间，也就有了至深的感悟。

---

① 辛圣炜.岭南当代博物馆庭园空间设计研究[D].广州：华南理工大学,2020：34.

第四章 岭南文化在公共空间导视设计中的传承及表现

第一节 公共空间导视系统概述

一、公共空间导视系统的相关概念

（一）公共空间

关于公共空间的概念，笔者在本书第一章已经做了系统的论述，所以在此仅做简要的阐述。公共空间的概念是随着现代社会的形成而出现的，从某种意义上来说，公共空间是现代化的产物。公共空间又被称为公共领域，是相对私人空间而言的，同时又区别于官方场域，是各种公共活动场所的总称，例如，公园、图书馆、书店、候车室等都属于公共空间。无论在城市还是在乡村，都存在公共空间，它是人们进行公共活动的开放性场所，也是人们进行物质、信息交流的重要场所，更在一定程度上反映了一个地区的形象。设计合理的公共空间是具有极强的活力的，并且可以不断地进行自我完善。如何判断一个公共空间是否具备活力，笔者认为可以通过"空间与尺度""可达性与易达性""使用密度""环境质量""公共设施""公共文化活动"等几个要素去判断，上述要素具备得越多，说明公共空间的活力越强。

在不同的时期和不同的地域，影响公共空间的因素也存在差异，包括时代、民族、文化、个人以及技术等诸多因素。因此，在对公共空间进行分析时，不能脱离上述因素而单纯对公共空间进行分析。另外，不同的公共空间也有不同的功能，包括生活、娱乐、文化、交往等多种功能，所以从功能的角度去看，公共空间具有多元性的特征。其实，公共空间本身就是复杂的，公共空间最终都要通过形式语言，以一定的组织方式呈现出来。形式在发展过程中积淀下许多约定俗成的内容，人来自生活的感受各种各样，因此，人对公共空间的感情和理解自然也各不相同。①

（二）导视系统

1.导视及其类别

导视是提供空间信息，以帮助人们认识、理解空间，并能够运用空间，进而建立人与空间之间丰富的、深层的关系的媒介。导视有着说明、指示、引导等功能，它是环境布局中的重要环节，人们需要充分理解并正确地利用导视这一媒介。如今，导视已经被广泛应用到公共空间中，并发挥着重要的作用。

依据实际使用的情况和形式来看，目前常见的导视有如下几种类型。

（1）导览标识牌

导览标识牌在景区、公园、校园等场所比较常见，其功能是指引和简要地讲解，从而方便人们更好地掌握空间位置、环境、设施功能等基本信息。

（2）导向标识牌

导向标识牌是用来指示方向、引导人们前往某个目的地的一种标识牌，在室内和室外都十分常见。通常，在一个导向标识牌上会有多个小的标识牌，它们指向不同的方向。

（3）楼顶大字、大楼铭牌、楼栋牌、楼号牌

上述几种导视形式常见于建筑物上，起到标识、引导的作用。

（4）综合信息导视牌

综合信息导视牌通常采用平面化或者多媒体的形式，提供的信息通

---

① 郭大松，李军，脱斌锋.城市公共空间建设的问题分析与策略探讨[J].城市建筑,2021,18(21):7-9.

常是综合性的，常见于一些购物中心、大型文化中心，常用小写字母"i"作为标识。图 4-1 便是一个综合信息导视牌。

图 4-1　综合信息导视牌

（5）墙体、地面导视

墙体和地面是导视常用的载体，也能够起到引导和指示的作用，有些地面和墙面的导视还能够起到美化空间环境的作用。

2.导视系统的概念

导视系统就是指构成一个系统的导视，即借助一些通识化的标识，对人们进行引导，以便使人们对空间形成认知的一种标准化的信息指引系统。导视系统涉及整体道路标牌识别系统、城市行车交通设计系统、城市介绍及旅游信息导视系统，等等。在设计过程中还应注意展示城市整体地域文化、社会需求、历史人文、自然景观等，让各个元素既相互独立又相互联系。①

二、公共空间导视系统的参与者

公共空间导视系统的参与者主要有三个：设计者、安装者和使用者。他们参与的方式虽然不同，但都是这个系统中不可或缺的参与者。

（一）公共空间导视系统的设计者

在三个参与者中，公共空间导视系统的设计者居于核心位置，因为

---

① 张瑶.地铁公共空间导视系统设计 [J].文艺生活（文艺理论），2014(9)：64.

他们设计出的导视系统需要能够被使用者正确地理解，这样才能充分发挥导视的功能和作用。因此，在进行设计时，设计者需要充分考虑社会大众的生活习惯，并满足社会大众对社会中物质的审美功能的需要，同时将生活中的各种信息进行归纳、分析和总结，进而组建出有序的导视系统。

（二）公共空间导视系统的安装者

安装者虽然不参与导视系统的设计，但他们的作用也不能忽视。安装者的作用就是将设计者的设计内容进行呈现，呈现效果的好坏在一定程度上影响着使用者的使用体验。因此，安装者需要严格按照设计者的理念去进行安装，切忌加入自己的理解和认知，这样才能确保导视系统功能的充分发挥。

（三）公共空间导视系统的使用者

从某种意义上来说，每个人都是公共空间导视系统的使用者，因为在出行的过程中，尤其在到达一个陌生的空间时，人们通常都需要一些标识牌提供一些空间信息。不同形式、不同空间的导视系统，虽然其所服务的对象不同，但它们的功能是一致的，都是为其使用者提供空间信息，从而帮助使用者更快地掌握空间信息。

第二节　公共空间导视系统的构成要素

公共空间导视系统的构成要素主要有六个：图形、文字、色彩、光源、材料、排版。这六个要素各自发挥着不同的作用，但并不是相互割裂的，而是相互联系的，其共同支撑起公共空间导视系统，如图4-2所示。

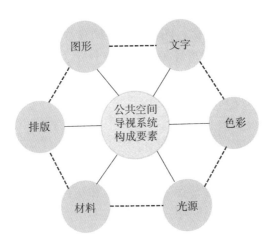

图 4-2 公共空间导视系统的构成要素

一、图形

图形属于一种视觉符号，能够承载和传递信息。图形具备形状、色彩两种视觉元素且具有符号的功能性，是一种传达信息的工具，也能对文字符号包含的信息进行简要概括。①在二维平面内，相较于文字而言，图形更加直观和醒目，能够更快地传递信息，而且人们对图形的认知较少受地域、语言、文化等因素的限制。另外，通过融入一定的设计性，作为导视用的图形还具有一定的审美性，能够起到满足人们审美需求以及美化空间环境的作用。当然，由于图形是对实物或者某个抽象概念的简化和提炼，有时仅仅依靠图形不能传达完整的信息，这样容易使人们产生理解上的误差，进而产生误导。因此，在公共空间导视系统中运用图形元素时，有时需要结合文字一起使用。

在图形导视系统中应用图形时，需要明确图形符号的信息功能性，即该图形是一种导视图形符号，它需要比较直观地提供某些信息，以便使用者能够快速且准确地从中提取信息。因此，在使用导视图形符号时，首先要强调其规范性、科学性和通用性；其次，还需要遵守醒目的原则，即所设计的导视图形符号能够很容易被使用者发现；最后，还要遵守易

---

① 李雨佳. 地域性视觉符号作用下的地铁导视系统探究[D]. 北京: 中央美术学院, 2017.

读易懂原则，即能够使不同地区、不同文化层次的使用者快速、正确地从中提取相应的信息。总之，图形作为空间导视系统中的一个重要元素，目前已经被广泛应用到图形导视系统的设计中，并且设计的理念越来越多元，但无论采取怎样的设计理念，都需要遵守上述几项原则，这样才能使其信息功能性得到充分发挥。

二、文字

在公共空间导视系统中，文字也是一个非常重要的元素，虽然图像相对于文字来说，在信息传递上更加直观和醒目，但文字对信息的传递无疑更加准确。在公共空间中，导视系统的功能就是为人们提供准确的空间信息。而为了避免人们对导视符号的理解出现偏差，在某些场所设计导视符号时，可直接采用文字这一元素。

在公共空间导视系统设计中，对文字的运用非常广泛，也非常重要，但在实际的设计和使用中，有如下几点需要注意。

一是文字内容要精简。根据心理学的研究，大多数人一次最多只能接受七个信息单位，人们更容易接受，也更容易理解在七个信息单位内的信息，所以在使用文字这一导视符号时，应尽可能地做到内容精简，但切忌为了精简而精简，忽视了信息传达的准确性。

二是要注重文字呈现的视觉效果。导视系统传递的是一种视觉信息，所以视觉效果的呈现至关重要。文字的大小、数量、字体等都会在视觉上产生不同的效果，所以在使用文字这一导视符号时，需要充分考虑各种影响因素，以便呈现出最佳的视觉效果。

三是要注重使用的场所。在不同的场所，由于空间环境不同，对文字这一导视符号的要求也不同。比如，在商业地产项目中，文字导视符号的设计需要简洁，且可识别性强。因此，在设计文字导视符号时，需要充分考虑其使用的场所，设计出符合该场所的文字导视符号。

三、色彩

色彩是人们日常生活中不可或缺的一部分，也是公共空间导视系统的基本要素。相较于其他要素而言，色彩最具表现力，因为色彩对人视觉的冲击力最强，所以在公共空间导视系统设计中，色彩的运用也至关重要。在公共空间导视系统设计中，关于色彩的运用，主要考虑两个方向：一个是遵循安全色的使用规则；另一个则是不受安全色的限制，自由地运用色彩。①

根据《图形符号　安全色和安全标志　第1部分：安全标志和安全标记的设计原则》（GB/T 2893.1–2013）的规定，安全色一共有红、蓝、黄、绿四种颜色，红色表示危险、禁止，蓝色表示指令，黄色表示警告，绿色表示安全，具体如表4-1所示。

表4-1　安全色与用色规范

安全色	含　义	安全色的对比色	图形符号色
红色	危险、禁止	白色	黑色
蓝色	指令	白色	白色
黄色	警告	黑色	黑色
绿色	安全	白色	白色

当然，在设计公共空间导视系统时，可以打破安全色的使用规范，仅仅把色彩视为导视系统的一个要素，然后结合实际的使用需要进行设计。这样，对色彩运用的自由度便会高很多，而且可以通过对色彩的有效设计提高导视系统的美观度，从而起到美化空间环境的作用。

四、光源

相较于上述几种要素而言，光源的运用并不是那么广泛，但在某些公共空间中，光源也是不可或缺的，所以笔者也将光源视为公共空间导视系统中的一个要素。在公共空间导视系统设计中，光源运用的目的通常有两个：一个是装饰，如运用彩色的光源，不仅可以吸引人们的注意力，还可以起到美化空间环境的作用；另一个则是提示，尤其在一些光线较暗的公共空间中，需要运用发光的指示牌。

---

① 魏蕾.基于视觉传达的公共空间色彩导视系统设计 [J].现代电子技术,2021,44(16):90–94.

五、材料

材料是公共空间导视系统中重要的物质基础，任何标识的设计都要依托材料，而且材料的种类在很大程度上影响着导视系统的视觉效果，所以针对材料这一要素，也需要做出系统的考虑。目前，在公共空间导视系统设计中，可用的材料很多，如塑料、石料、金属、玻璃、木料、亚克力等，不同的材料有着不同的特质和美感。[①] 比如，玻璃材料透明美观，易于清洁；木质材料能够与自然环境更好地融合。因此，在选择公共空间导视系统所用材料时，需要结合材料以及环境自身的特点。例如公园中的标识牌，因为公园中花草树木较多，所以公园的标识牌较多以木质材料为主，这就是因为标识牌与周围的空间环境协调一致，并较好地融入周围的环境中。

除了需要考虑材料与环境的关系之外，还需要考虑材料的安全性，以便最大限度地避免材料可能对人造成的伤害。比如，当采用玻璃材料时，普通玻璃易碎，而且在破碎之后也容易对人体造成伤害，所以应选择钢化玻璃，钢化玻璃不但有较强的抗压能力，而且在受到强力破损后会碎化成小钝角颗粒，能够有效降低玻璃破损对人体造成的二次伤害。当然，在温度过高的环境中，钢化玻璃有自爆的可能性，所以在高温环境中，应避免使用钢化玻璃。

六、排版

在公共空间导视系统中，排版也是基本要素之一，因为排版的情况影响着受众对内容的阅读，所以只有对导视中的图形、文字等信息进行有序的排版，才能提高受众阅读的流畅性，进而提高阅读的效率。如地铁站中的导向标识牌，标识牌的排版不仅要有序，还应具有一定的严谨性。

---

① 高悦.浅析新型材料在景观导视系统中的应用[J].新型建筑材料,2021,48(5):171-172.

第三节　岭南文化在公共空间导视系统设计中的传承现状分析

通过分析岭南公共空间中岭南文化应用的现状可知，虽然岭南文化在公共空间导视系统设计中的传承情况并不是非常理想，但在很多地方也体现出了传承的理念和意愿。具体而言，岭南文化在公共空间导视系统设计中的传承情况大致有如下两种。

一、岭南文化相关元素的直接运用

在公共空间导视系统设计中，直接运用岭南文化相关元素的情况虽不多见，但在一些公共场所，尤其在一些景区中也能够找到相关的设计。例如广东省大埔县道路上的一个导视牌，因为大埔县有"陶瓷之乡"的美称，陶瓷文化是当地的一种代表性文化，所以在导视牌的设计中直接运用了陶瓷这一图形，以此来凸显大埔的陶瓷文化。

当然，对岭南文化相关元素的直接运用并不是采用"拿来主义"，仅将这些元素简单地堆砌起来，而是要将岭南文化的相关元素依附到一个新的载体上，并考虑其所依附的载体的特点以及周围空间环境的特征，以便使岭南文化元素很好地与载体和周围的空间环境相融合。另外，当岭南文化元素依附到新的载体之后，虽然它所代表的文化内涵没有改变，但却改变了原空间的视觉语言环境，所以这种直接的运用其实也是一种新的表现和创造。

二、岭南文化的延伸性运用

在艺术设计中，直接运用传统文化元素并不能满足设计的需求，所以还应以传统文化元素为基础，对传统文化的"意"和"神"进行深入的剖析，从而实现对传统文化的延伸性使用。以北京奥运会的会徽——"中国印·舞动的北京"为例，该会徽便吸取了中国印的元素，会徽的红色部分好似一枚中国印章，浸透着历史的深沉之美。① 在公共空间导视系统设计中，对岭南文化也进行了延伸性的使用，这种运用方式极大地扩展了岭南文化的应用范围。具体而言，公共空间导视系统设计中对岭南文化的延伸性使用主要体现在如下两个方面。

（一）精简形态，保留原有内涵

从古至今，人们对美好事物和美好生活的追求从未停止过，这种追求代表着一种精神层面的向往和憧憬，而这种向往和憧憬经常会化为某个具体的形象，以此来寄托人们的美好愿望。比如，牛崇拜是瑶族祭拜祖先、重视农耕和祈求丰产等文化的表现，所以随着时间的推进，虽然瑶族的生活方式发生着变化，但对牛的崇拜从未改变，这是因为在瑶族人看来，牛不仅仅是一种动物，还蕴藏着深层的象征含义，这种深层的含义是使"牛"这一"形"一直得以流传的一个重要原因。因此，在公共空间导视系统设计中，可以将设计的重点放在岭南文化的内涵上，对其外形进行简化，然后将其融入导视系统。例如广东清远市南岗千年瑶寨中的一个导视牌，该导视牌的顶端是一个牛角的形象，虽然仅仅是一个精简化的牛角，但却能够让人一眼看出其所代表的是瑶族的图腾——牛。

（二）将可视化形态进行符号化处理

除了精简形态，保留原有内涵这种方式外，还可以提取岭南文化中的可视化形态，并对其进行符号化处理，再应用到公共空间导视系统的设计中。对岭南文化中的可视化形态进行符号化处理之后，其可应用的场景也会随之增多。例如，广州沙湾古镇旅游区中的一个导视牌，这个导视牌顶部的造型是从广府传统建筑中提取出来的，并进行了符号化处理。经过符号化处理之后的造型除了可以在景区中应用之外，还可以应用在很多场景中，如应用在公交站牌、商场导视牌中。当然，在不同的场所，由于空间环境发生了变化，需要结合实际情况选择相应的材料和颜色，以便和空间环境更好地融合在一起。

---

① 江红 .2008 北京奥运会会徽的符号及文化语义 [J]. 中国市场 ,2015(27):296，298.

第四节　岭南文化特色在公共空间导视
系统设计中的表现

一、岭南文化特色在公共空间导视系统设计中的表现原则

将岭南文化融入公共空间导视系统，不仅有助于岭南文化的传承，还能够借助岭南文化的特色及其深刻内涵起到美化空间环境的作用。当然，在公共空间导视系统设计中表现岭南文化的时候，需要遵守一定的原则，具体包含如下几点（如图4-3）。

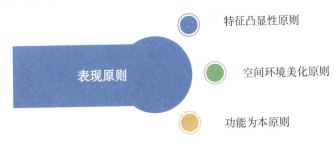

图4-3　表现原则

（一）特征凸显性原则

在公共空间导视系统设计中表现岭南文化，根本目的就是借助公共空间导视系统这一载体向社会大众传达岭南文化相关的信息，从而促进岭南文化的传承。在上文分析公共空间导视系统对岭南文化传承的不足时，笔者已指出了特征体现不明显这一问题，所以在具体的表现中，必须要遵守特征凸显性的原则。当然，岭南文化虽然有其独特性，但作为一种融合了中原文化、周边各族文化以及域外文化的多元性文化，在岭南文化的某些元素中也可以找到其他文化的影子，这就使岭南文化中的某些元素并不具备唯一性。针对这些元素，笔者认为可以在一些有明显地域特征的景区中使用，让人们能够将这些元素和当地的文化结合起来。例如，上边提到的广东清远市南岗千年瑶寨，在这个景区中，有融合了"牛"这一图腾的导视牌，而牛不仅是瑶族的图腾，也是苗族的图腾，但

这一导视牌所在的场所是瑶寨，所以可以很自然地让人们将"牛"这一图腾和瑶族联系起来。

而在商场、车站、图书馆等这些没有明显地域特征的公共空间中，在融合岭南文化相关元素时，应尽可能使用特征明显的元素，从而使导视系统这一载体可以直观地将岭南文化的相关信息传达给社会大众。比如，福建土楼便是一种特征非常明显的岭南建筑，所以可以将福建土楼这一元素融入公共空间导视系统的设计中。当然，由于福建土楼的特征凸显在整体性上，所以在运用这一元素时，应采取整体运用的方式。

（二）空间环境美化原则

在公共空间中，虽然导视系统所占的比重较小，但对于空间环境的美化也发挥着一定的作用。因此，在公共空间导视系统中表现岭南文化特色时，要遵循空间美化的原则，将导视系统的美化与其所处公共空间环境的美化联系起来，从而使导视系统美化空间环境的作用得到充分发挥。[①]其实，岭南文化作为传承了数千年的文化，无论是对其形式的运用，还是对其内涵的运用，都能够起到美化导视系统的作用，当然，要使导视系统进一步发挥其美化空间环境的作用，还需要结合空间环境的特点，融合与之相协调的岭南文化。这样，岭南文化在公共空间导视系统中的表现才不会显得突兀，也才能最大限度地发挥公共空间导视系统对岭南文化传承的价值。

（三）功能为本原则

在公共空间导视系统中表现岭南文化时，虽然目的是促进岭南文化的传承，但导视系统的本质功能是指示和引导，我们不能喧宾夺主，为了表现岭南文化而忽视了导视系统原本的功能，这样无疑是本末倒置了。因此，在公共空间导视系统中表现岭南文化时，还需要遵守功能为本的原则。而为了使公共空间导视系统的功能得到充分发挥，笔者认为至少要做到以下三点。

1.导视明确

导视系统的作用是为使用者提供相应的空间信息，解决使用者"在哪里？""怎么去？"的问题，所以导视系统必须要传递精准的信息，而

---

① 张超然，艾晶.浅析导视系统在特色小镇发展中的重要作用[J].西部皮革,2019,41(11):63.

且其要表达的信息要具有非常高的易识性，能够让使用者快速、准确地提取出自己需要的信息。

2. 布局合理

无论是在某个小范围的公共空间（如景区、图书馆），还是在某个大范围的公共空间（如某个城市、高速公路），导视系统从整体布局上应设计合理，不突兀、不难寻、不杂乱无章，并能够与周围的环境相协调，从而有效地指引该公共空间中的人能够安全、自如地行动。

3. 层次清晰

一个导视牌上通常包含多个空间信息，这些空间信息有时有主次之分，此时就需要对这些空间信息进行排版，依据其主次关系进行合理的划分，以便使使用者能够更快地定位到想要得到的信息。

总之，上述三点是确保导视系统功能得以发挥的基础，在表现岭南文化时不能忽视上述三点，只有这样，才能在发挥导视系统指示、引导功能的基础上，发挥其文化传承的功能。

二、岭南文化特色在公共空间导视系统设计中的表现方法

在上文分析公共空间导视系统中岭南文化的传承现状时，笔者介绍了当前公共空间导视系统设计中岭南文化传承的两种方式：一种是直接运用；另一种是延伸性运用。其实，上述两种方式也可以视为岭南文化特色在公共空间导视系统设计中的表现方法，只是如果以表现方法的角度去论述，就需要对其作更为细致的解读。因此，笔者将结合上述两种方法以及一些新的方法，针对岭南文化特色在公共空间导视系统设计中的表现方法作进一步阐述。

（一）传承与再现

所谓传承与再现，顾名思义，就是传承岭南文化的特色，并将其再现到公共空间导视系统设计中，这与上边提到的直接运用的方式非常相似。其实，岭南文化作为一种多元的文化，其表现形式也是多样的，这意味着将岭南文化再现到公共空间导视系统设计中也可以有多种表现形式。因此，在公共空间导视系统设计中，完全可以采取再现的形式表现岭南文化。

（二）解构与重组

在艺术设计中，解构是一种常用的手法，该名词取自哲学命题，认为结构没有先天、一成不变的中心，它不是固定的，而是由认识的差别所构成的。[①]将这一概念引入艺术设计中，即认为艺术设计所借用的客观物象的结构不是一成不变的，所以可以从新的视角对客观物象进行解构，然后进行重组，从而形成另一种新的结构。简单来说，"结构"就是分解，将一个完整的物象分解为多个元素；"重组"就是对这些元素进行重新组合，或者将这些元素和其他元素组合起来，化零为整。

具体而言，对岭南文化的解构与重组可以从色彩和图形两个方面着手。在色彩上，可以将能够比较直观地表现岭南文化的色彩组合提取出来，对其进行解构和重组，然后运用到公共空间导视系统的设计中。例如，明清时期岭南的特色建筑——镬耳屋，其得名于房屋两边的山墙形状像镬耳。镬耳屋有着独特的结构和布局，大多用青砖、石柱、石板砌成，所以在色彩上以青灰为主。因为镬耳屋具有非常强的岭南特色，所以可以提取该类建筑的色彩，同时配以青砖、镬耳等形状，然后将镬耳屋建筑的元素融入公共空间导视系统中。在图形上，同样可以提取那些能够比较直观地代表岭南文化的图形，并对其进行解构和重组。仍以镬耳屋为例，可以将这一建筑的外观进行解构，然后提取其中最具代表性的镬耳形状，再将其运用到公共空间导视系统设计中。

当然，在公共空间导视系统中表现岭南文化的一个目的是促进岭南文化的传承，所以在对岭南文化进行解构和重组时，不能完全脱离岭南文化的"形"或"意"（两者至少保留其一），要让使用者能够从其设计中看出岭南文化元素的存在。

（三）隐喻与象征

隐喻是什么？简单来说就是运用非直接的方式去表达事物。在艺术设计中，隐喻也是一种比较常用的方式，但由于隐喻所产生的共鸣需要特定的文化背景去支撑，所以在运用该方法时，需要以特定的地域为依托。而在公共空间中，除了一些景区之外，部分公共空间都缺少特定的地域特征，所以目前在公共空间导视系统的设计中，很少使用隐喻这一

[①] 安佳，赵云川．色彩归纳写生 [M].北京：人民美术出版社，2014：61.

表现方法。

至于象征，这一手法在艺术设计中非常常见，如象征品德的梅、兰、竹、菊，经常出现在古代的文学作品、艺术作品中。在现代艺术设计中，象征这一表现方式仍旧被广泛地使用，因为我国传统文化的一个特征就是含蓄，而象征无疑是含蓄表达的一个有效方法。其实，从某种意义上说，隐喻和象征都是相对隐性的表现手法，它们所突出的并不是外在的形式，而是内在的精神内涵，再加上导视系统的设计本身也具有一定的局限性（不能忽视周围的空间环境和导视系统本身的功能性），所以采用隐喻和象征的方式具有很大的难度。但是，对岭南文化精神内涵的表现也非常重要，而隐喻和象征作为两种表现精神内涵的有效方式，可以在更深层次上引起受众情感上的共鸣，进而起到有效传达岭南文化精神内涵的作用。因此，在公共空间导视系统设计中表现岭南文化时，笔者认为可以在适宜的空间环境中采用隐喻和象征的表现方法，从而传达出岭南文化的深层精神内涵。

（四）对比与融合

所谓对比与融合，就是在对比中突出"异"，在融合中寻求"同"，这也是现在艺术设计中常用的一种表现方法。其实，关于对比与融合理念，在古代的一些文学作品和艺术作品中早已有所体现。比如，王安石在《咏石榴花》一诗中写道："浓绿万枝红一点，动人春色不须多。"该诗句描写的就是红花与绿枝的对比，这种对比使花的红色凸显出来，同时红与绿是一种融合，从而生动地展现了春色。

从辩证的角度看，对比与统一是事物发展的根本规律，它揭示了事物发展、变化的根本原因在于事物内部的矛盾性，但也正是这种矛盾性推动了事物的发展。显然，对比与融合就是对立统一规律在艺术设计中的有效运用，这赋予了艺术设计更多的可能性。

具体到公共空间导视系统设计中，对比与融合的运用可以在很多方面有所体现，如色彩、形状、材料等，具体还需要结合导视系统设计的需要而定。当然，就当前公共空间导视系统的设计而言，虽然对比与融合的应用并不少见，但如果具体到对岭南文化的表现上，则少之又少。不可否认，就艺术设计而言，当对内容的要求越具体时，其局限性无疑也越大，但对比与融合作为艺术设计中的一种表现手法，显然具有应用的可行性。因此，在公共空间导视系统设计中，应结合空间环境的特点，采取对比与融合的表现方法，将岭南文化融入公共空间导视系统设计中，从而实现审美与实用价值的统一。

第五章　岭南文化在当代餐饮公共空间设计中的传承及再生

第一节　当代餐饮公共空间设计情况概述

一、当代餐饮公共空间设计的情况分析

正所谓"人以食为天"，饮食是人们日常生活中不可或缺的组成部分。随着生活质量地不断提高，人们对饮食的要求也越来越高。餐饮公共空间的设计虽然与食物的味道没有直接关系，但会影响就餐者的就餐体验，所以很多经营者愈加重视餐饮公共空间的设计。由于餐饮行业的发展是多元化的，很难将餐饮公共空间设计统一起来。但如果从餐饮公共空间设计的要素着手，我们还是能够对其进行归纳的，并以此作为一个切入点，对当代餐饮公共空间设计的情况进行分析。具体来说，影响餐饮公共空间设计的要素主要有三个：色彩、照明和陈设。所以笔者针对当代餐饮公共空间设计的情况分析也主要从这三个方面着手（如图5-1）。

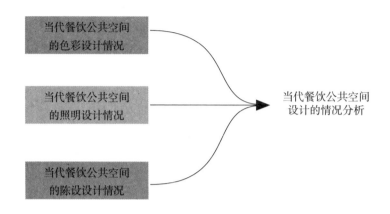

图 5-1　当代餐饮公共空间设计的情况分析

（一）当代餐饮公共空间的色彩设计情况

1.餐饮公共空间中色彩的心理效应

色彩是餐饮公共空间中的重要元素之一，正确地运用色彩可以营造良好的就餐氛围，从而使就餐者产生良好的就餐体验。色彩作为一种视觉语言，不仅能作用于人的视觉，还能通过视觉作用于人的心理，这就是色彩的心理效应。[①] 在餐饮公共空间设计中，应以色彩的心理效应为基础去进行色彩的设计。由于色彩的种类有很多，而且无论是单一色还是混合色，其所产生的心理效应是相似的，所以笔者在此不以颜色为区分，而采取以下分类方式，具体内容如表 5-1 所示。

表 5-1　不同色彩的心理效应

色　彩	心理效应
色彩的冷暖	暖色调（如带有红色、橙色、黄色的色调）给人以温暖的感觉；冷色调（如带有蓝色、青色的色调）给人以寒冷的感觉
色彩的轻重	色彩的轻重感主要受明度影响，明度高的色彩有轻感，明度低的色彩有重感

---

① 葛丽丽.探微色彩的心理效应[J].艺术科技,2019,32(9):171-172.

色　彩	心理效应
色彩的软硬	色彩的软硬感与明度和纯度有关，纯度高的有硬感，纯度低的有软感；明度高的有软感，明度低的有硬感
色彩的强弱	色彩的强弱感主要与强度有关，强度高的有强感，强度低的有弱感
色彩的明快与忧郁	色彩的明快感与忧郁感主要与明度有关，明度高且鲜艳的有明快感，明度低且暗沉的有忧郁感

2.餐饮公共空间色彩设计的具体情况

在了解了色彩的心理效应之后，也就能够知道为什么在不同类型的餐饮环境中会选用不同的色彩搭配了。关于当前餐饮公共空间色彩设计的现状，由于相同类型的餐厅存在共通点，所以在色彩设计上也存在相近的地方。因此，为了更加全面地了解当代餐饮公共空间中色彩设计的具体情况，笔者将从不同类型的餐厅着手。

（1）中式餐厅公共空间的色彩设计情况。因为中国的饮食文化非常丰富，所以在中式餐厅公共空间的色彩设计中，并没有统一的风格，通常是结合餐厅的菜系以及该菜系背后的文化进行色彩上的设计。

（2）西式餐厅公共空间的色彩设计情况。西餐，顾名思义是西方国家的餐食，因为西餐的种类也很多，所以在色彩设计上通常也会结合其所在国家的文化，但总体而言，西餐厅公共空间在色彩设计上以温馨、浪漫为主，色彩的种类以 2～4 种为宜。

（3）日式餐厅公共空间的色彩设计情况。日式餐厅在风格上具有恬淡与安逸的自然感，所以在色彩设计上有些以原木色为主，以此来突出自然元素；有些则偏重冷色调和质感较重的色彩，以此来彰显幽静、淡雅的环境特点。

（4）宴会厅的色彩设计情况。宴会厅主要是指用于举办各类婚庆活动、公司聚餐、大型集会、演讲、报告、新闻发布、产品展示、中小型文艺演出、舞会等活动的场所。因此，为了烘托热闹的氛围，宴会厅在色彩设计上通常以暖色系为主，从而给人以明亮、大气的感觉。

（5）快餐厅公共空间的色彩设计情况。快餐厅的一个特点就是就餐节奏快，所以为了这种的就餐节奏，在色彩上通常选用明快的色彩。

当然，上述色彩设计情况只是从整体上而言的，在具体的色彩设计中，不同餐厅之间还存在一些差异，由于餐厅种类较多，在此笔者不做详细的说明。

（二）当代餐饮公共空间的照明设计情况

1. 当代餐饮公共空间中照明的方式

当代餐饮公共空间中照明的方式主要有两种：自然采光和人工照明。自然采光是指借助自然界的光进行照明，人工照明则是指利用各种灯具进行照明。

（1）自然采光。选用自然采光的方式不仅节约能源，而且没有任何污染，所以在能够采用自然光的条件下，当代餐饮公共空间的照明设计都会重视对自然光的利用。因为在不同的时间点，自然光的强度会出现变化，所以为了更好地利用自然光，在设计时通常会采用以下几种方法对自然光强度进行控制。

①玻璃：通过玻璃的材料和颜色控制自然光的强度。

②窗帘：通过窗帘控制自然光的强度是目前最常用的一种方式，而且窗帘具有装饰的作用。

③陈设的布置：虽然通过陈设的布置所能起到的作用较小，但这也是一种比较常见的方法。

（2）人工照明。仅仅利用自然光并不能满足餐饮空间对照明的需求，所以很多时候还需要采用人工照明的方式。人工照明可选用的光源有很多，能够满足不同餐饮公共空间对照明的需求。由于人工照明的种类繁多，笔者在此仅从照明方式着手，阐述人工照明常用的三种方式。

①一般照明：当餐饮公共空间对照明没有特殊要求时，便可以采取一般的照明方式。该照明方式风格简约，在大众化的餐厅中使用频率较高。

②局部照明：局部照明就是仅仅照亮局部，该照明方式在酒吧、咖啡厅中比较常见。局部照明可以起到烘托氛围的作用，同时能够形成视觉中心，吸引就餐者的注意力。

③混合照明：混合照明是一般照明和局部照明混合在一起使用，这种照明方式具有较强的层次感，能够在氛围营造上发挥重要的作用。

2. 当代餐饮公共空间中照明设计的作用

（1）引导空间。在餐饮公共空间中，灯光的引导作用主要体现在餐厅入口、服务台、走廊、通道等位置。在入口和服务台，通常采用块状的照明方式；在走廊和通道，通常采用线状的照明方式。

（2）划分空间。利用灯光的明暗或者色彩可以起到划分空间的作用，这主要利用的是一种心理上的效应，因为灯光对空间的划分并不是实体上的，而是借助明暗界限或者色彩界限形成一种心理上的限定空间，从而营造一种就餐的区域感。

（3）装饰空间。餐饮公共空间中的灯光不仅能满足照明的需求，还具有装饰空间的作用。借助不同颜色和不同强度的光，有助于丰富空间的层次感和立体感，同时表现公共空间中的重点或个性，进而营造良好的用餐氛围。

3. 当代餐饮公共空间中照明设计的具体情况

针对当代餐饮公共空间中照明设计的具体情况，笔者同样从餐厅的类型着手，分析不同类型餐厅中公共空间照明设计的现状。

（1）中式餐厅公共空间的照明设计情况。同公共空间色彩设计的情况相似，由于中式餐厅的类型很多，中式餐厅公共空间照明的设计情况也存在较大的差异，很难对其进行归纳总结。具体来说，其照明设计情况通常与其菜系风格和该菜系的文化背景相匹配。

（2）西式餐厅公共空间的照明设计情况。西式餐厅公共空间在整体设计上偏向温馨、浪漫，所以在照明设计上通常以低照明度为主，且强调灯光的融合，从而营造出安静、轻松、温馨的氛围。

（3）日式餐厅公共空间的照明设计情况。日式餐厅在整体风格上强调与自然的结合，所以在灯光上也重视对自然光的利用，或者采取模拟自然光的方式。此外，日式餐厅还偏重显色指数较高的灯光，以此来凸显食物的特征。

（4）宴会厅公共空间的照明设计情况。宴会厅的照明设计以吊灯或大型吸顶灯为主，同时配以射灯、壁灯，从而营造出较强的层次感，并起到烘托氛围的作用。另外，在宴会厅的礼仪台位置通常还会设计一些重点照明区域，以此来强调视觉中心的地位。

（5）快餐厅公共空间的照明设计情况。快餐厅的照明设计以高均匀度和高强度的照明为主，这种照明设计舍弃了对氛围的营造，可以使就餐者将注意力放在用餐上，从而提高用餐的效率。

上述所述的照明设计情况也是从整体上而言的，在具体的照明设计中，不同餐厅之间还存在一些差异，在此笔者同样不做详细的阐述。

（三）当代餐饮公共空间的陈设设计情况

由于餐饮公共空间中的陈设物品种类很多，针对当代餐饮公共空间陈设物品设计的分析，笔者将从陈设物品的类型着手。餐饮公共空间中的陈设物品大致可归纳为织物陈设品、墙面装饰陈设品、摆饰等三类。

1. 织物陈设品

织物在人们的日常生活中非常常见，它也是餐饮公共空间中重要的陈设物品。在餐饮公共空间中，织物陈设品主要包括地毯、窗帘、桌布等。

（1）地毯。地毯具有美化空间环境、保暖、防滑、吸音等诸多优点，但由于地毯的价格比较昂贵，且清洁难度较大，在一些规格较高的餐厅中使用较多。不同的场合对地毯材质、颜色、图案的要求也存在差别。在环境相对温馨、安静的餐厅中，一般选用暖色、图案较少的地毯；而在热闹的餐厅场合中，一般选用亮色、图案较丰富的地毯。

（2）窗帘。窗帘具有遮蔽、隔音、美化空间环境的作用，由于同为织物陈设品，其能够与地毯形成呼应，所以在材料、颜色和图案的设计上，通常与地毯的风格相接近。

（3）桌布。桌布作为覆盖于餐桌上的织物品，具有保护覆盖物、防尘、防油污的作用，同时能美化空间环境。桌布与就餐者的距离最近，对就餐者的影响也是直观的，所以在桌布的设计上，通常会在与餐饮公共空间整体氛围相协调的基础上，增加一些人性化的设计，从而使就餐者产生良好的就餐体验。

2. 墙面装饰陈设品

餐饮公共空间中的墙面装饰陈设品的种类有很多，常见的有绘画与书法作品、工艺品、摄影作品三类。

（1）绘画与书法作品。中国绘画和书法作品主要以笔、墨、纸、砚为主要材料和工具，注重的是意境的表达，在一些规格较高的中餐厅中较为常见。西方绘画以油画、水彩画为主，现代风格比较浓烈，在一些西餐厅中较为常见。

（2）工艺品。餐饮公共空间墙面上可使用的工艺品的种类也非常丰富，如贝壳、有色玻璃、文创产品等。在设计墙面工艺品的陈设时，通常会结合餐饮的整体风格，选择相协调的工艺品。比如，一些民俗文化特色餐厅通常会选择与该文化相关的文创产品作为墙面工艺品，而不是选择现代气息浓厚的工艺品。

（3）摄影作品。摄影作品的内容也非常丰富，大致包括风景、人物和静物三类，不同类型的摄影作品所传达的情感也不同，所以在设计摄影作品的陈设时，通常也会结合餐厅的整体氛围以及就餐者就餐的局部空间氛围。

3. 摆饰

摆饰是指摆放在餐饮公共空间中的陈设品，如果对空间做进一步的划分，大致可分为地面上的摆饰和餐桌上的摆饰两类。

（1）地面上的摆饰。地面上的摆饰通常体积较大，如雕塑、绿植等。雕塑能够提高餐厅的艺术品位，而绿植能够起到绿化环境的作用。其实，餐厅的公共空间除了就餐的区域和通道、走廊之外，剩余的空间比较有限，所以地面上的摆饰通常并不是很多，大多分布在餐厅入口处和用餐区域的连接处（该处的摆饰还能够起到空间划分的作用）。在选择绿植的种类时，通常以赏叶植物为主，一方面是绿化的效果比较明显，另一方面则是避免赏花类绿植的花粉对食物和就餐者造成影响。

（2）餐桌上的摆饰。餐桌上的摆饰通常体积较小，其作用是美化桌面。餐桌摆饰的陈设设计通常以一些带有观赏性的工艺品和艺术品为主，也可以选择体积较小的绿植。由于餐桌上的摆饰会占据一定的空间，所以通常在一些较大的餐桌上才会放置摆饰。如果餐桌较小，放置摆饰不仅起不到美化桌面的作用，还会影响就餐者就餐，这无疑是本末倒置。

二、餐饮公共空间设计的发展趋势

笔者结合社会大众对餐饮公共空间的要求以及餐饮行业发展的现状，总结了餐饮公共空间设计未来的发展趋势，具体包含以下几点。

（一）餐饮公共空间形态设计的多元化

如今，为了使就餐者拥有良好的就餐体验，越来越多的餐厅开始在公共区域的形式上进行创新，这就使当前的餐饮公共空间呈现出了多元化的特征。比如，一些大型的餐饮空间常常以开敞空间、流动空间、模糊空间等为基本构成单元，结合上升、下降、交错、穿插等方式进行组织变化，划分成若干个形态各异、互相连通的功能空间，这样的组织方式可以使空间层次分明、富有变化。[①] 未来，随着人们对餐饮公共空间要求地不断提高，餐饮公共空间形态设计也将更加多元。

（二）餐饮公共空间设计的数字化

餐饮公共空间设计的数字化主要体现在两个方面：一是设计手法的数字化；二是公共空间形态的数字化。如今，我们已进入数字化时代，数字媒体已经渗透到我们的生活中，包括对餐饮行业的渗透。在公共空间设计中，越来越多的人开始采用数字化的设计方法，这极大地提高了餐饮公共空间设计的效率。

（三）餐饮公共空间设计的低碳化

餐饮公共空间设计的低碳化主要体现在两个方面：一是设计理念的低碳化，即餐饮公共空间给就餐者的感受是低碳的；二是在具体的材料使用上追求低碳，即尽可能使用环保材料。如今，人们的环保意识越来越强，越来越多的人开始注重生活的低碳化，在这种理念的影响下，餐饮公共空间的设计也需要向低碳化方向发展，以适应社会大众的生活理念。

---

① 石丹.基于场所视域的公共建筑空间形态设计探析 [J].明日风尚,2019(19):20, 22.

第二节　岭南文化在餐饮公共空间设计中的构思及应遵循的原则

在对餐饮公共空间设计的情况进行了较为详细的分析之后，我们将视线聚焦到岭南文化，进一步分析如何在餐饮公共空间设计中融入岭南文化。在本节中，笔者主要分析岭南文化在餐饮公共空间设计中的构思及应遵循的原则。

一、岭南文化在餐饮公共空间设计中的构思

（一）岭南文化在餐饮公共空间设计中的构思基础

构思是一种思维活动，也是一种复杂的心理过程，是由表及里地分析、综合、比较，由抽象到具体的形象化过程。[①]构思通常处于设计的前端，在设计中发挥着重要的作用。岭南文化在餐饮公共空间设计中的构思就是在具体设计前先进行构思，而为了更好地完成构思，通常需要以下三点基础作支撑。

1.对相关资料的调查和整理

在进行构思前，需要对相关的资料进行调查和整理，这是一个重要的基础。岭南文化在餐饮公共空间设计中的构思主要涉及两方面的内容：一是岭南文化；二是餐饮公共空间设计。因此，针对相关资料的调查和整理也主要集中在这两个方面。

2.对岭南文化进行多元化运用

将岭南文化运用到餐饮公共空间设计中，需要能够多元化地去表现岭南文化，因为岭南文化本身就是多元化的，而且餐厅的类型很多，岭南文化的运用需要能够满足不同类型餐厅的需求。因此，在进行设计构思时，需要对岭南文化进行多元化运用，在艺术表现上掌握多变的技巧。

---

① 飞新花.环境艺术设计理论与应用研究[M].长春：吉林大学出版社，2021：77.

3.设计师长期的实践经验

构思是进行设计实践的一个重要基础，虽然在构思阶段可以进行创新性的设计想象，但这种想象并不是不着边际的，而是要具有实践的可行性。这就需要设计师具有长期的实践经验，能够以自身的经验为指导，进行具有实践可行性的构思。

（二）岭南文化在餐饮公共空间设计中的构思方向

基于对岭南文化和餐饮公共空间设计的认知，笔者认为岭南文化在餐饮公共空间中的构思大致有如下三个方向。

1.完整运用的构思方向

所谓完整运用，就是将岭南文化完整运用到餐饮公共空间设计中，这种构思方向相对比较简单，因为不需要对岭南文化进行二次处理，只需要结合餐饮公共空间的需求去选择相匹配的岭南文化即可。当然，完整运用这一构思方向也存在一定的局限性，因为不能对岭南文化进行处理，所以设计者不能融入自己的设计理念，只能从餐饮公共空间的角度着手思考，去寻找适合的岭南文化元素。

2.兼容并蓄的构思方向

岭南文化具有兼容特质，能够对其他文化进行吸收和融合。在餐饮公共空间设计中，应该发挥岭南文化的兼容特质，以岭南文化为基础，吸收其他文化元素，兼容并蓄，进而形成独具特色的设计风格。要做到这一点，就需要设计者对岭南文化有非常深刻的认知，能够找到岭南文化与其他文化的结合点，从而实现兼容并蓄的设计构思。

3.和而不同的构思方向

和而不同是我国传统文化中的一个重要思想，出自《论语·子路》，意思是人与人之间需要保持一种和谐友善的关系，但在具体问题的看法上不必苟同于对方。将其引申到餐饮公共空间设计中岭南文化的运用上，便可以解读为岭南文化和餐饮公共空间以及岭南文化和其他文化的协调性上。岭南文化虽然是一种多元文化，具有兼容的特质，但并不是所有的岭南文化元素都能够和餐饮公共空间以及其他文化相协调，这便是"不同"。而为了达到"和"的结果，就需要对岭南文化、餐饮公共空间和其他文化进行处理，从而达到相辅相成的效果。

二、岭南文化在餐饮公共空间设计中应遵循的原则

关于公共空间设计中应遵循的原则，笔者在本书第二章中已经做了详细的论述，主要有四项原则：限定原则、组织原则、美学原则以及造型设计原则。在餐饮公共空间设计中运用岭南文化时，在大方向上同样应该遵循这四项原则，不过由于岭南文化的融入，设计的侧重点需要向岭南文化倾斜，同时需要细化到餐饮公共空间设计中，所以岭南文化在餐饮公共空间设计中应遵循的原则自然会有所变化。具体而言，岭南文化在餐饮公共空间设计中应遵循的原则可以从两个层面进行阐述：一是从岭南文化的传承角度；二是从餐饮公共空间的功能角度（如图5-2）。其实，在餐饮公共空间设计中运用岭南文化的目的也有两个：一是促进岭南文化的传承；二是借助岭南文化活化餐厅的公共空间。

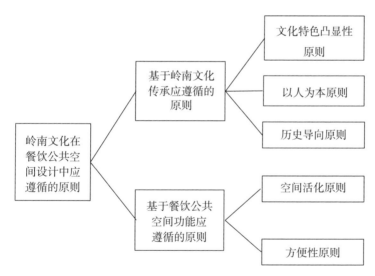

图5-2　岭南文化在餐饮公共空间设计中应遵循的原则

（一）基于岭南文化传承应遵循的原则

在餐饮公共空间设计中运用岭南文化应遵循如下几点原则。

1.文化特色凸显性原则

岭南文化作为传统文化的一个重要组成部分，有其自身特色，这些

特色是在餐饮公共空间设计中需要体现的，这样，才能使就餐者直观地感受到该餐厅所具有的岭南文化氛围。因此，在餐饮公共空间设计中运用岭南文化时，应注重岭南文化特色的凸显，从而使岭南文化能够比较直观地展现在餐饮公共空间之中。

2.以人为本原则

在餐饮公共空间设计过程中，岭南文化的浸透必须将"以人为本"作为一项重要原则，该原则具体表现在以下两个方面。

（1）个性化与整体性的兼容。从餐饮公共空间设计的角度出发，个性化体现在对岭南文化的具体设计与运用上，突出其与其他餐厅设计的不同；整体性则体现在对岭南文化内涵的呈现上，即面对不同的群体，该设计都能够使他们感受到设计中所蕴含的岭南文化元素，从而起到传承岭南文化的作用。显然，在餐饮公共空间设计中运用岭南文化时，需要兼容个性化与整体性，这是体现以人为本原则的一个关键所在。

（2）注重设计的交流性。在餐饮公共空间设计中运用岭南文化时，虽然设计的内容是没有生命的，但设计内容最终作用的对象是人，所以应注重设计的交流性。要使设计方案能够与就餐者形成时空的相互交流，这样才能使设计内容的作用得到充分发挥，进而起到传承文化的作用。当然，要使设计内容具有交流性并非一件易事，因为设计的内容是没有生命的，很难与就餐者形成真正意义上的互动。因此，在设计时可以增加一些引导性的内容，引导就餐者去进行思考和想象，这样便可以在无形之中形成与就餐者的交流，从而将更多的信息传递给就餐者。

3.历史导向原则

历史导向原则作为文化传承与弘扬道路中必须坚持的一项基本原则，能够让人们客观认知文化的发展与走向，体会到文化传承与发展道路中所存在的先进性，准确判断未来文化发展的方向。在餐饮公共空间设计中运用岭南文化时，势必要将该原则作为一项基本原则，从而发挥餐饮公共空间对岭南文化的传承作用。在历史导向原则中，最根本的一点就是要将历史中真实存在的事物呈现出来，让人们对历史文化有一个准确的认知。因此，在餐饮公共空间设计中运用岭南文化时，务必要将真实且准确的岭南文化呈现到就餐者面前，让就餐者感知到岭南文化的理念所在，深刻认知岭南文化在传统文化中的作用与地位，同时在无形中意识到中国传统文化自身的先进性所在。

（二）基于餐饮公共空间功能应遵循的原则

餐饮公共空间设计的目的之一是为顾客服务，所以在融入岭南文化时，不能为了融入而融入，还需要考虑餐饮公共空间的功能性。因此，笔者基于这一视角又总结了两点原则。

1.空间活化原则

岭南文化在餐饮公共空间设计中的运用需要起到活化空间环境的作用，这样才能使就餐者产生更好的就餐体验。至于怎样才能实现"活化"的目的，笔者认为首先需要从岭南文化本身入手，即以岭南文化为基础，结合社会大众的审美需要对岭南文化进行适当的处理，从而让社会大众更容易理解岭南文化；其次，岭南文化的融入要考虑餐饮公共空间的需求，设计出相协调的内容，这样才能起到1（岭南文化）+1（餐饮公共空间）＞2的效果。

2.方便性原则

餐饮公共空间设计的目的之一是服务就餐者，所以在餐饮公共空间设计中融入岭南文化时，还需要考虑服务的方便性。试想，如果在餐饮公共空间设计中只是为了融入岭南文化而融入，忽视了餐饮公共空间服务的方便性，虽然能够在一定程度上活化餐饮公共空间，但这种活化是一种表面化的活化，因为服务性的牺牲会使得餐饮公共空间的功能性大大降低，进而影响就餐者的就餐体验。因此，在餐饮公共空间设计中运用岭南文化时，还需要遵循方便性的原则，考虑餐饮公共空间的功能性，使岭南文化活化空间环境的作用得到充分发挥。

第三节　岭南文化在当代餐饮公共空间设计中的再生

分析了岭南文化在当代餐饮公共空间设计中的构思及应遵循的原则

后，笔者将进一步探索岭南文化在当代餐饮公共空间设计中的再生，以实现传承岭南文化以及借助岭南文化活化当代餐饮公共空间的目标。

一、岭南文化在当代餐饮公共空间设计中再生的策略

关于岭南文化在当代餐饮公共空间设计中的再生，笔者认为可以从造型、色彩和纹样三个方面来探索具体的策略。

（一）造型的再生表现

岭南文化的诸多元素在造型表现上丰富多样，在运用这些元素时，完全可以结合餐饮公共空间设计的需要，对其造型进行再生表现，以此来提高岭南文化的表现力。具体而言，造型的再生表现可以从以下两点着手。

1.打散重构

打散重构就是将原有的造型打散，然后重新进行组合，从而形成一种新的结构。在对造型进行重构时，并不是随意地将打散的元素整合到一起，而是需要衡量各元素之间是否存在相似之处，或者是否存在能够彼此联系起来的契合点，然后将可以组合的元素进行重构，并加入现代设计语言，从而突破传统的造型方式，形成一个新的造型。

例如，西关大屋作为岭南的一种传统建筑，具有非常强的岭南特色，而将西关大屋的造型打散之后，可以得到诸多元素。① 比如，在西关大屋的室内装修上，便有木石砖雕、陶塑灰塑、壁画石景、玻璃及铁漏花、满洲窗、刻彩图案、红木家具、木雕花饰、槛窗等多种装饰元素，这些装饰元素完全可以进行重组，然后运用到餐饮公共空间设计中。其实，西关大屋作为一种建筑，将其元素打散重构并运用到餐饮公共空间中，在难度上降低了很多，因为同属于建筑类，很多元素具有共通性。（如图5-3）是西关大屋的门窗造型，可以将门窗造型提取出来（或者提取图案），然后重新组合并运用到餐厅的门窗或者隔断的设计中，从而形成一种古香古色的"味道"。

---

① 赵雁博,王河.西关大屋的艺术文化内涵探究[J].门窗,2017(10):151.

图 5-3　西关大屋的门窗造型

2. 平面化处理

所谓平面化处理，就是将立体的造型平面化。岭南文化中很多元素的造型都是立体的，而在餐饮公共空间设计中，除了立体层面的运用之外，还有平面层面的运用。因此，在岭南文化相关元素的造型上，可采取平面化处理的方式。例如，在 2017 年，广州地铁站打造了几个岭南文化主题站，其中一个站点便选取了广东醒狮的元素，将广东醒狮这一立体造型转化为平面造型，以文化墙的形式呈现。在餐饮公共空间设计中同样可以采取这样的处理方式，将一些立体的造型进行平面化处理，然后在屋顶、墙面、地面这些地方进行运用，从而打造餐饮公共空间中的"文化墙""文化顶"和"文化地"。

3. 抽象变形

抽象变形就是在保证原有事物主要特征的基础上，打破原有造型的束缚，对原有造型的尺寸、结构进行变形，从而得到一种新的造型。相对打散重构的方法，抽象变形对造型的改变较小，因为要保留原有事物的主要特征，还要突出最主要的特色部分，以保留岭南文化的韵味。目前，餐饮公共空间设计中采取抽象变形这一方法对岭南文化进行再生的情况比较少见，因为难度相对较大，但这无疑是一种值得尝试的方法。尤其在追求个性发展的今天，采取抽象变形的方法可以设计出更多个性化的造型，这有助于满足社会大众审美多元化的需求。

（二）色彩的再生表现

色彩在岭南文化中占有非常重要的地位，所以对色彩进行再生表现也是一个有效的策略。当然，由于色彩不具备太强的文化特征，所以要想从色彩的角度实现理念文化在餐饮公共空间设计中的再生，必须将色彩和其他元素结合起来。具体而言，对色彩的再生表现可以从以下两个方面着手。

1.打造主题色彩

打造主题色彩就是依据餐饮公共空间的实际需要，将岭南文化元素中表现性较强的色彩运用到餐饮公共空间设计中，从而使餐饮空间形成独有的主题色彩。在打造主题色彩时，可采取对比色互补的设计思路或者临近色相互协调的方式，具体可结合设计需要而定。[①]

2.将色彩与灯光相结合

色彩除了可以用颜料表现之外，还可以用灯光去表现，而且灯光的辅助可以营造出光影效果，烘托就餐氛围。在色彩的再生表现方式上，可以采取色彩与灯光相结合的方式。其实，色彩与光影之间本身就有着很强的联系，光可以穿透色彩，形成光影效果，这种效果使色彩从二维平面拓展到了三维立体空间中，使绚丽的色彩充盈在整个空间中，进而营造出一种朦胧美和色彩美。

（三）纹样的再生表现

纹样是指一种花纹图案，在建筑、服饰等上非常常见。在餐饮公共空间设计中，设计师可以融入一些经过再设计的、具有岭南特色的纹样，以使餐饮公共空间凸显岭南特色。具体来说，对纹样的处理主要采取提取与拼接的方法。岭南苗族服饰上的纹样，其纹样形式非常丰富，很多纹样都可以提取出来，然后结合餐饮公共空间的需要将纹样进行拼接，最后融入这个空间环境中。

---

① 马翘楚.公共空间色彩搭配应用[J].现代装饰（理论）,2014(12):181.

二、岭南文化在当代餐饮公共空间界面构造上的再生

（一）岭南文化在餐饮公共空间顶面的再生

在餐饮公共空间的界面构造上，虽然顶面在人的视觉中不处于中心位置，但顶面在空间限定中发挥着非常重要的作用，即顶面的高低能够使就餐者产生不同的感觉，而当顶面的高度固定时，顶面的设计便开始发挥作用。[①]通常情况下，餐饮公共空间顶面的设计要避免使就餐者产生压迫感，所以在顶面融入岭南文化元素时，设计师应选择一些简约的元素，这样可以从视觉上提高顶面的高度，从而减少顶面对就餐者造成的压迫感。此外，设计师还可以将岭南文化与顶面的灯具相结合，设计颇具岭南特色的顶面。

（二）岭南文化在餐饮公共空间地面的再生

地面与顶面分别位于人视线的下角和上角，在整个餐饮的公共空间中上下呼应。在餐饮公共空间的地面设计中，设计师可以选择与顶面相呼应的岭南文化元素。当然，这只是一种设计思路，除了这种思路之外，还可以只从地面的角度着手，如在地面设置一些导视系统，并在导视系统的设计中融入岭南文化元素，从而实现理念文化的再生。此外，还可以从岭南文化中提取一些元素，然后设计成一些适合装饰地面的图案，以此来美化餐饮公共空间。

（三）岭南文化在餐饮公共空间墙面的再生

在餐饮公共空间的界面构造中，墙面在空间环境的氛围营造中表现力最强，因为墙面的面积较大，而且墙面所处的位置在人的视线中心，所以在墙面中融入岭南文化时需要下更多的工夫，从而充分发挥墙面对岭南文化的表现作用。

（四）岭南文化在餐饮公共空间隔断上的再生

在餐饮公共空间中，隔断很常见，它起到划分空间区域的作用，通常以隔断墙体、隔扇门（窗）、屏风等形式出现。在餐饮公共空间隔断的设计上，同样可以实现岭南文化的再生，因为隔断的形式多样，针对不同形式的隔断，可以融入不同的岭南文化元素。比如，针对隔扇门

---

① 尤倩,贾祝军.酒店餐饮空间的室内设计[J].大众文艺,2018(23):99-100.

（窗）的形式，设计师可以直接借用岭南传统建筑中门（窗）的设计形式，结合餐饮公共空间的整体氛围做出适当的调整。又如，针对屏风和隔断墙的形式，可以直接在隔断墙或者屏风上设计一些表现岭南文化的图画，这样的表现方式更加直观，也能够起到装饰隔断的作用。

第四节　岭南文化在当代餐饮公共空间设计中运用的案例分析

在本节中，笔者将以广州××饭店为例，针对岭南文化在当代餐饮公共空间设计中的运用做进一步分析。

岭南文化在广州××饭店（岭南家院）公共空间设计中的再生体现在多个方面，包括建筑外立面的设计、室内就餐空间的设计、软装配饰的设计、色彩的设计以及材料的设计。下面笔者便依次针对上述几个方面进行分析和阐述。

一、建筑外立面的设计

建筑的整体外观可以很好地体现出特定地区的地域文化和建筑风格。所以，在建筑设计中，如果要融入当地文化，需要先从建筑的外立面着手，这样可以使路上的行人比较直观地看到该建筑所具有的文化特色。在建筑的外立面设计上，广州××饭店将硬山式屋顶、青砖黛瓦、岭南地区特色吉祥纹样、古色灯笼、木格花窗等极具岭南特色的元素融合进来，使广州××饭店的建筑在整体上极具岭南特色。

二、室内就餐空间的设计

广州××饭店整个餐厅一共有三层，每层都有不同的主题。餐厅一楼以岭南吉祥文化为主题，融入很多寓意吉祥的元素。墙面使用的是回收的旧砖瓦，不仅营造出了一种复古、怀旧的感觉，还体现了回收再利用的环保理念。地面采用的是仿古花砖的设计，同墙面的颜色相协调，使整体空间环境都呈现出一种古香古色的氛围。楼梯的设计也非常巧妙，融入岭南满洲窗的元素，使楼梯成了一件艺术品。

餐厅二楼对岭南文化的运用更加集中和明显，主要涉及民居文化、龙舞文化和宗祠文化。在民居文化的运用中，满洲窗、趟栊门、镬耳墙等元素随处可见，使整个专区充满了浓郁的西关味道。龙舞文化则是以灯笼的形式表现出来，通过将一个个灯笼连接到一起，组成一个舞动的龙的形态。餐厅将龙舞文化设计成灯笼，组成舞龙灯，也成为该店设计的特色。

餐厅三层以广府市井文化为主题，内容设计上囊括百姓人家、洋行、理发店、当铺、粮票等涉及市井生活方方面面的内容，使整个三层充满浓重的市井商业气息。

三、软装配饰的设计

软装配饰在餐饮公共空间中占据着非常重要的地位。显然，广州××饭店没有忽视这一细节，在软装配饰上做了很多创新性的设计。在软装配饰的设计上，广州××饭店充分利用青砖粉瓦、镬耳墙、套色玻璃、满洲窗、木雕花饰等元素，设计出很多具有特色与创新性的软装配饰。此外，粤绣、折扇、对联、书法等手工艺术和文化艺术也被充分运用在软装配饰设计中。折扇借鉴了岭南传统折扇的造型，数量众多的折扇被连接起来，贯穿三个楼层，设计可谓非常精妙。

四、色彩的设计

岭南建筑在色彩上以青灰色为主色调，青砖灰瓦是岭南建筑给世人呈现的第一印象。广州××饭店在整体的色彩设计上沿用了这一色调。当然，如果这个餐饮公共空间全部使用青灰色，不免会让就餐者产生压抑感，所以除了青灰色之外，广州××饭店还同时融入了绿色、黄色、红色等色彩，这些颜色与青灰色形成了鲜明的对比，不仅打破了青灰色的单调，还使整个空间环境的氛围变得更加轻松和活泼。另外，桌椅等家具的颜色以原木色为主，同时配以青蓝色和砖红色的坐垫点缀，也使整个空间的色彩得到了进一步丰富。

五、材料的设计

材料不仅具有功能性，还具有装饰性。要使岭南文化在餐饮公共空间设计中实现再生，材料的运用至关重要。对材料的运用要考虑其肌理、质感、色彩等多个方面，因为材料不同，其呈现出的效果也不同。为了更好地将岭南文化呈现出来，广州××饭店对材料的运用与设计非常重视。比如，为了呈现出一种复古、怀旧的效果，餐厅墙面的材料中使用了很多回收的旧砖瓦，为了和墙面的材料相协调，在地面材料的使用上则选用了仿古花砖。木材主要用于家具和门窗的制作，给整体的空间环境增添了一丝柔和与温馨的感觉。

第六章　岭南文化在城市历史街区公共空间设计中的传承及活化

从岭南文化的区域性传承与弘扬来看，城市历史街区无疑是其极为重要的载体。那么，如何让岭南文化在城市历史街区公共空间设计中实现活化呢？本章立足当前的具体现状，对岭南文化与城市历史街区的相互关系、岭南文化在城市历史文化街区公共空间设计中的应用原则、岭南文化在城市历史街区公共空间设计中的传承、岭南文化在城市历史街区公共空间设计中的活化进行系统阐述，确保岭南文化在当代公共空间设计中实现理想化传承和理想化应用。

第一节　岭南地区城市历史街区公共空间设计现状

要想确保岭南地区城市历史街区公共空间设计发展的可持续性，就必须先了解其发展现状。下面笔者从现有的设计理念、当前设计方案的特征、目前设计成果中所蕴含的艺术性三个方面入手，探究其发展现状，希望能够给予广大学者和相关研究人员一定的启迪。

一、岭南地区城市历史街区公共空间设计现有理念的概括

岭南文化作为岭南地区传统文化的主体，已渗透到该地区的方方面面，特别是在城市规划与设计过程中，岭南文化的文化特征和艺术表现

力已经得到充分彰显。比如，在城市历史街区公共空间设计方面，现有的设计理念清晰地体现了岭南文化特征，能够满足城市历史街区推广岭南文化的切实需要。下面笔者就对岭南地区城市历史街区公共空间设计现有的理念进行概括，充分彰显岭南地区城市历史街区公共空间设计的时代性、艺术性、功能性。

（一）彰显出人与空间之间的交流功能

城市历史街区公共空间设计应满足功能多样化这一基本要求，因为历史街区不仅要为人们带来心理上的放松，更重要的是体现出在传统文化层面的熏陶作用，让人们真正从内心感受到舒适，减轻快节奏的城市生活给人们造成的心理压力。基于此，就需要在以岭南文化为中心的历史街区公共空间设计过程中彰显人与空间之间的交流功能。以广州市"上下九—第十甫历史文化街区"为例，在 2020 年，广州市规划和自然资源局公布了《上下九—第十甫历史文化街区保护利用规划》，要求陶陶居、莲香楼、广州酒家等传统老字号餐饮机构作为重点保护对象，高度重视设施的多样性和植物配置的合理性，将岭南文化在建筑设计中的活化利用作为重中之重，为岭南文化的交流与展示提供更多平台，发挥出岭南地区城市历史街区公共空间设计在文化传承中的载体作用。

（二）Parklet 理念明显

从当前岭南地区城市历史街区公共空间设计的基本现状来看，多元化的空间功能成为岭南地区在历史街区公共空间设计过程中的又一基本理念之一，强调绿色植物与街区的紧密融合，同时在室内小空间设计中，将多个小空间串联起来，让人们在停留、驻足、休憩的过程中不仅有愉悦的心情，还能用心去感受岭南文化，推动城市居民以及外来游客广泛了解岭南文化的内涵，进而使岭南地区城市历史街区在提升人们文化意识和增强人们文化自信的道路中真正发挥出文化引领作用。例如岭南文化古镇之一的广州市"沙湾古镇"，人们漫步于其中的历史街区，能够听到悠扬的广东音乐，休息过程中还可以饮茶论道，欣赏美景，而且每一个院落都是一个小空间，院落之间虽然没有相互联通，但是错落有致的布局让每一个小空间串联在了一起，[①]进而让人们在停留、驻足、休憩的过程中，能够充分感受到岭南文化符号始终伴随着自己，充分发挥出了历史街区本身的文化熏陶作用。

二、当前岭南地区城市历史街区公共空间设计方案的特征介绍

当前，岭南地区城市历史街区公共空间设计已经取得了辉煌的成就，设计理念也已经呈现出了明显的先进性，能够为岭南文化在城市历史街区公共空间设计中活灵活现地展现打下坚实的基础。岭南地区城市历史街区公共空间设计方案的特征就是对上述观点的有力说明。下面笔者就针对当前岭南地区城市历史街区公共空间设计方案的特征进行具体介绍。

（一）"传统"与"现代"的相互融合

从岭南文化传承与弘扬的最终目的看，不仅要让更多的人去了解岭南文化的符号，以及岭南文化的思想和内涵，还要让人们深刻意识到岭南文化在当今社会发展中的价值，由此推动优秀传统文化在现代社会中的传承与弘扬，发挥出岭南文化引导人和熏陶人的作用。从当今时代发展的角度看，时代发展离不开文化的导向作用。虽然现代社会的发展已经达到了高度的科技化、信息化、智能化水平，但社会人文一直是至关重要的一项，只有确保人文环境高度理想化，当今社会发展中所取得的一系列成果才能够真正发挥出应有的作用和价值。

表6-1　岭南地区城市历史街区"传统"与"现代"融合的特点

特点呈现	意义与价值
古风古韵中弥漫现代气息	街区环境与氛围的文化陶冶作用更加突出
现代街区成为传统文化的集散场	为当今时代传统文化广泛传承提供广阔平台
现代文化符号与传统文化符号相交融	打造出独具岭南特色的"文化美"

---

① 朱光文.珠江三角洲乡镇聚落的兴衰与重振——番禺沙湾古镇的历史文化遗存与保护开发刍议[J].广州大学学报（社会科学版），2002,1(11):5.

通过表 6-1 的归纳与汇总不难发现，在岭南地区城市历史街区公共空间设计中，"传统"与"现代"融合所具有的意义和价值较为突出。因此，在城市历史街区公共空间设计方案中，"传统"与"现代"的相互融合普遍作为设计方案的基本特征。当前岭南地区城市历史街区公共空间设计方案也普遍体现出了"传统"与"现代"相互融合的特征，在未来更会长远保持该特征，让富有传统性的岭南文化在当今社会持续发挥引导、启发、熏陶的作用。

（二）人性化特征明显

所谓的"人性化"，就是在保证城市历史街区整体美观性的同时，能够根据人们的日常生活习惯、行为习惯、操作习惯，为其提供更多的人性化服务，最大限度地满足消费者的内在需求。以岭南文化为核心的城市历史街区公共空间设计方案中普遍体现出人性化特征，既强调公共空间环境的舒适性，又突出环境本身所具备的岭南文化元素，营造出较为理想的文化氛围，使环境本身所具有的艺术熏陶作用更加明显。这无疑是人们畅游岭南地区城市历史街区的普遍需求所在，更是岭南地区城市历史街区公共空间设计方案自身文化价值最为直观的表达。

（三）对称性突出

就当前岭南地区城市历史街区公共空间设计方案而言，最为显著的特征就是更加注重建筑、设施、植物的对称性，能够满足大众的审美需求，在做到公共空间设计简洁大方的同时，体现出建筑的错落有致、设施配备的人性化、植物摆放的观赏度，从而避免人们漫步城市历史街区出现审美疲劳或视觉疲劳感，充分发挥出岭南文化净化人们心灵、启迪人们智慧、陶冶人们身心的作用。

三、目前岭南地区城市历史街区公共空间设计中蕴藏的艺术性

文化的艺术性无疑是文化自身的魅力所在，而人们了解文化的过程是从其艺术性开始的，所以在探索目前岭南地区城市历史街区公共空间设计现状的过程中，就必须将其所蕴藏的艺术性作为重中之重。具体而言，"集大成者"和"新时代商旅气息"无疑是最为直观的艺术表达。

（一）"集大成者"作为公共空间设计的普遍艺术特征

众所周知，岭南文化具有多元化特征，其主体是中原文化，经过千百年与地域文化的相互融合，最终形成了集广府文化、潮汕文化、客家文化、雷州文化、高凉文化于一体、极具地方特色的传统文化。在城市历史街区公共空间设计中，我们要突出岭南文化，更直观地彰显文化符号。另外，在公共空间的布局上做到错落有致的同时，表现出开放、创新的公共空间设计思想，切实做到岭南地区城市历史街区公共空间设计价值的最大化挖掘。

（二）新时代商旅气息表现极为明显

毋庸置疑的是，文化的传承与发展推动了社会经济的发展，反之社会经济又是文化传承与弘扬效果的直接体现，两者之间有作用和反作用力。目前，在岭南地区城市历史街区公共空间设计中，传统与现代文化艺术气息极为浓厚，这也正是新时代商旅气息的具体表现。以广东省佛山市祖庙东华里历史街区为例，其公共空间设计以"保持原有旧貌"为总体设计思想，无论是在公共空间的修复，[①]还是在改造过程中，都要突出历史的厚重感，让本身充斥着浓郁岭南地区传统文化色彩的街区依然富有极为深厚的文化内涵，如骑楼、满洲窗、镬耳风火山墙等文化符号仍要着重表现。此外，鼓励具有现代风格和传统风格的商家强势入驻，增加街区本身的文化活力和现代活力，形成富有传统色彩的地域文化与现代文化高度情景交融的局面，从而让传统文化的艺术表现力和现代文化的艺术张力呈现于历史街区，在赋予城市文化街区新时代商旅气息的同时，突出岭南文化意蕴，让祖庙东华里历史街区成为佛山市兼具历史文化与当代文化的城市名片。

结合本节所阐述的观点能够看出，在岭南地区城市历史街区公共空间设计方案中，最基本的特征体现在传统年代感与现代感之间的相互统合，满足人们的生活习惯、行为习惯、操作习惯，让岭南文化被更多的人所接受，并有意愿去深入地了解，以达到岭南文化大范围推广的目的。

---

① 程鑫.佛山市祖庙东华里历史街区保护与利用评价 [J].广东园林，2015,37(5):5.

第二节　岭南文化与城市历史街区的相互关系

明确事物之间的内在关系是事物实现可持续发展的必然条件，也是走向又好又快发展的根本前提和保障。随着我国"文化强国"战略目标的全面提出，岭南文化在当今时代的传承与发展的受重视程度也得到了进一步提升，城市历史文化街区发挥的作用更是不可替代。在这里，笔者认为两者之间存在的相互关系必须要加以明确，如此方可为岭南文化在城市历史街区公共空间设计中的应用进一步夯实基础。

一、互为因果

因果关系是事物发展过程中最基本的关系，也是最为明显的关系所在。在不同的时代背景下，文化传承与发展的道路中依然伴随着互为因果的关系。岭南文化作为岭南地区极具代表性的传统文化，面对当今时代发展大环境，传统文化传承、弘扬、发展显然是一项艰巨的历史使命，城市历史文化街区的出现无疑顺应了当今时代发展大趋势，充分说明两者之间存在着互为因果的相互关系。

（一）时代发展需要传统文化的传承

中华民族传统文化是华夏儿女在五千多年历史发展中的智慧结晶，故而传统文化本身在时代发展中具有较强的驱动力。岭南文化作为具有地域色彩的中华民族传统文化，其教育人、引导人、启发人、陶冶人的作用自是不言而喻的，但其作用的发挥必须以较为理想的载体和平台作为支撑，这是城市历史文化街区产生的原因，也是时代发展背景下民族传统文化传承的结果。

（二）城市历史文化街区加速传统文化传承与发展的进程

随着社会经济发展步伐的不断加快，人们的物质生活普遍得到了满足，精神世界的向往和追求愈加明显。文化作为人类精神世界的基本构成，是满足人们精神追求的重要支撑。岭南文化是岭南地区传统文化的代表，更是中华民族传统文化的重要组成部分，城市历史文化街区的形成必然有赖于岭南地区传统文化的集散场的不断扩大，所以文化的传承与发展必须实现提质增速，而这也是城市历史文化街区在岭南文化传承与发展中的作用与价值所在。

二、承上启下

"文化"形成的过程是历史积淀的过程，文化传承、弘扬、发展的过程则是载体发挥作用的过程，岭南文化在当今时代的传承、弘扬、发展过程中依然需要以理想的载体作为重要支撑。城市历史文化街区正是这样的一种载体，其与岭南文化之间形成了承上启下的相互关系，具体表现如下：

（一）城市历史文化街区是岭南文化的"汇聚地"

文化事业发展是国家富强、民族振兴、社会和谐、人民幸福的根本推动力，因此在中国共产党带领全国人民探索民族伟大复兴的道路中，加大民族优秀传统文化传承、弘扬、发展的力度，提高其质量，成为实践工作的重点。岭南文化作为中华民族传统文化的代表，其传承与弘扬过程需要将城市历史文化街区作为载体，在明确规划设计理念的同时，做到精心布局，以直观的方式向人们传递岭南文化的艺术美，引导人们文化认知高度的提升和审美取向的正确发展。从一定程度上说，这体现了城市历史文化街区在岭南文化传承与弘扬中的"汇聚地"作用。

（二）城市历史文化街区是岭南文化的"集散场"

在当今时代大环境与大背景之下，回归文化传承的本真必然会增强中华民族传统文化传承与发展的效果。城市历史文化街区的作用恰恰体现在"集散场"这一维度。无论是在无形（如环境和氛围等）中，还是有形（如建筑和园林景观等）中，岭南文化都在其中散发着民族气息、文化气息、历史气息，让岭南文化引导人、启发人、陶冶人的作用得到了最大限度地体现，让多元、务实、开放、兼容的文化特点广泛浸入人们的内心深处。

三、传承与创新

文化的传承与创新是一种相互关系，因为在不同的时代背景下，人们在文化理解方面势必会发生变化，但是在文化的精髓理解方面并不会有明显的偏差，所以在文化传承的过程中，具有创新性的事物不断涌现，最终也成就了文化的传承与弘扬。城市历史文化街区在岭南文化传承与弘扬中发挥着重要的载体作用，具体概括如下。

（一）岭南文化的传承赋予城市历史文化街区文化底蕴

从岭南文化在历史文化街区变迁过程中的呈现方式来看，历史文化街区的建筑最初具有一定的西方建筑风格，经过时代的变迁，随着本土元素和江南建筑风格地逐渐融入，最终形成了独具特色的建筑风格，如阁楼式砖塔、八角古亭、镬耳屋、龙船脊等。在街区园林风格上，以珠江三角洲和韩江三角洲的园林风格作为主体，更加凸显了植物位置的对称性。另外，街区中还拥有具有地域特色的砖雕图案，如凤凰、鸳鸯、仙鹤等有效烘托了画面的空间感。这些具有代表性的文化符号成就了城市历史文化街区的文化底蕴，并且让其能够展现出极强的历史厚重感。这正是岭南文化在当代城市历史文化街区发展中实现"传统"与"现代"相兼容的根本前提。

（二）时代发展确保城市历史文化街区成为岭南文化传承的新载体

岭南文化之所以独具一格，其根本原因在于中原文化的精髓是其核心，同时将其与具有地域传统色彩的本土文化进行了完美融合，由此形成了风格独特，并极具传承意义和弘扬价值的文化形式，成为中华民族优秀传统文化的重要组成部分。在之前的阐述中，笔者就已经明确了优秀传统文化在当今时代的传承、弘扬、发展中必须要有理想的载体作为支撑，城市历史文化街区正是最为明智的选择所在，但是并没有针对其原因进行具体阐述，目的就是要通过相互关系对其加以进一步说明。人们口中的"新时代"不仅仅体现在新事物、新思想、新理念、新技术的不断出现，更体现在社会层面。上文中明确指出岭南文化在中华民族传统文化中具有一定的代表性，将其文化思想、文化理念、文化的艺术表现形式通过最直观的方式展现在公众面前，必然能够彰显出我国在民族复兴道路中所具有的文化先进性。在一定意义上，城市历史文化街区的出现、设计、规划为岭南文化的传承提供了新的载体，其设计与规划方案的优化有效助力了载体创新性的不断提升，这些都有利于岭南文化传承与弘扬效果的不断提升。

通过本节的观点阐述，可以看出岭南文化与城市历史文化街区之间存在的相互关系较为明显，后者在当今社会发展中所呈现出的价值极为突出。因此，如何才能实现城市历史街区在岭南文化传承中的作用最大化就成为城市历史街区公共空间设计的重中之重。

第三节　岭南文化在城市历史街区公共空间设计中的应用原则

从当前的现状角度看，岭南文化在城市历史街区公共空间设计中的有效融合不仅仅体现出复杂性高，更向人们传递出一条极为重要的信息，就是系统性较强，需要考虑到的因素极多。为此，高度明确其原则显然要放在重要位置。

一、地域性原则

虽然在新时代背景下，有效传承与弘扬传统文化被提升到了前所未有的高度，但文化的传承与发展问心有决不能盲目，在实践中必须要以客观、全面、深入的视角，对其实践路径进行全方位的思考，在明确重点关注对象的同时，深刻意识到应该在哪些方面加以高度重视。在城市历史街区公共空间设计中，岭南文化高质量和全方位地融入更是如此，尊重岭南地区地域特征显然应该作为设计原则之首。

（一）地域文化特色的凸显

文化的地域性是中国文化传承、弘扬、发展道路固有的特色之所在，具有地域色彩的文化不仅在传统文化构成上具有一定的特色，更在文化表现形式上具有极为明显的特色。前文的论述已经多次提到岭南文化在中华民族传统文化中的地位与意义，并且对岭南文化的内涵和表现形式进行了具体介绍，就其在当代公共空间导视系统设计，以及当代餐饮公共空间中的具体应用进行了明确的阐述，但是，文化的传承离不开创新，更离不开延续，所以在现代城市规划和设计整体思路与构想中，回归历史街区公共空间的设计，突出地域文化特色是基本原则之一。

（二）因地制宜要视为根本中的根本

所谓"因地制宜"，指的就是根据具体的地域情况，适当地采取相关措施，让活动效果能够达到预期的目标。岭南地区文化作为我国传统文化的重要组成部分，传承与弘扬其价值十分重要，但在该地区广袤大地上存在诸多差异性的因素，所以一贯的城市历史街区公共空间设计思路也会存在不适用的现象。鉴于此，我们应结合不同城市所处地域的日照、气温、风向、降雨量、湿度等自然环境，以及风土人情等人文环境，有针对性地进行历史街区公共空间设计，确保设计理念、设计思路、设计方案具有高度的适用性，能够被城市居民广泛接受，在增强人们对岭南文化的认同感的同时，最大限度地发挥其引领人们审美取向的作用。

二、可持续性原则

从发展的角度分析，"可持续"是任何一项活动开展的最终追求，所以在活动方案设计过程中，"可持续性"常常是根本出发点，城市历史街区公共空间设计同样如此。以岭南文化为中心的城市历史街区公共空间设计要将"可持续性"作为根本出发点，并将其视为设计活动过程中必不可少的一项基本原则。

（一）空间上的可持续性

城市历史街区公共空间设计并非某一空间位置上独立存在的个体，通常是以街道、建筑群、园艺组合等形式出现，看似非独立存在，彼此之间能够保持紧密的联系，但从本质上又有一定的独立性，真正将其独立性彻底消除需要人的空间行为活动，于是如何能真正做到这一点便成为历史街区公共空间设计的重中之重。这就需要设计者在进行城市历史街区公共空间设计的过程中，必须深入考虑空间上的可持续性。例如，岭南文化融入城市历史街区公共空间的导视系统时，其设计必须立足于空间上的可持续性，并且将其视为可持续性原则的基础所在。

（二）时间上的可持续性

城市历史街区公共空间设计就是要让人们能够重拾历史年代感，用环境引导人们认知历史文化，让人们在关注现代文化的同时，深刻感知传统文化的美好，进而达到净化内心、树立正确审美取向、提升审美高度的目的。基于此，在以岭南文化为主体的城市历史街区公共空间设计过程中，应体现历史时间轴，让行人在漫步的过程中能够看到岭南文化传承与演进的历史，让岭南文化符号深深印刻在内心之中，并从中感受到文化的魅力。[①] 例如，在园艺组合方面，要体现出岭南文化固有的特色，哪些植物在岭南文化中的寓意是什么，并将其通过文化符号的标签呈现在人们面前。又如，公共设施和建筑的色彩、质感、比例、风格、图案、造型要紧紧围绕岭南文化的固有特点加以精心设计，确保岭南文化与现代文化紧紧贴合的同时，能够彰显出岭南文化固有的色彩与特点，实现时间上的可持续性。

三、以人为本原则

"以人为本"之所以成为所有艺术设计的基本原则之一，其根本原因在于两个方面：第一，设计方案的作用对象最终都是人；第二，作用效果都是通过作用对象体现出来的。因此，在城市历史街区公共空间设计过程中，岭南文化的浸透必须将"以人为本"作为一项重要原则。整体来看，该原则主要包括以下两个方面。

（一）个性化与整体性相互兼容

"个性化"在艺术设计和艺术创作过程中表现为多用特殊的手段刻画某一特点，以凸显细节特殊性。"整体性"指的就是思想、意识、行动非个人所有，而是属于大多数人，是具有群体和社会两种特性的思想、意识、行动的总称。从城市历史街区公共空间设计的根本初衷出发，两者的兼容就是要让人们感受到历史文化的厚重感，能够让不同的人群或个体对历史文化拥有不同的理解，进而凸显城市历史街区在城市中的文化导向作用和传播载体作用。岭南文化在城市历史街区公共空间设计过程中的运用也要遵循这一原则，将个性化与整体性的相互兼容作为最基本

---

① 刘益.岭南文化的特点及其形成的地理因素[J].人文地理,1997(1):3.

的出发点，这也是"以人为本"原则得到有效体现的关键所在。

（二）公共性与交流性并重

城市历史街区公共空间设计的目的不仅是要提高城市的文化品位，更是要确保文化的传承与弘扬，让更多的人走在历史街区能够感受到艺术气息和文化氛围，内心得到陶冶。这就需要历史街区整体设计体现人与时空的相互交流，做到公共性与交流性并重。岭南文化在城市历史街区公共空间设计中的有效运用更是如此。公共性要体现在艺术气息和文化氛围高度共享方面，让更多的人受到艺术感染和文化熏陶。交流性则要体现在人与景观的相互交融上，让人们能够发自内心地感知景观各个细节的艺术色彩和文化特征，形成精神层面的交流，确保岭南文化能够通过城市历史街区这一理想载体传递到更多人的脑海之中，深深浸入其内心并占据一定的位置。

四、历史导向原则

历史导向原则作为文化传承与弘扬道路中必须坚持的一项基本原则，能够让世人客观认知文化的发展与走向，体会文化传承与发展道路中所存在的先进性，准确判断未来文化发展的方向。鉴于此，在以岭南文化为中心的城市历史街区公共空间设计中，该原则自然成为一项基本原则，旨在凸显历史街区在人们正确认知中华民族优秀传统文化过程中的引领作用，以及人们客观认知岭南文化传承、弘扬、发展中的导向作用。

（一）明确该原则适用于文化传承、弘扬、发展

从历史导向原则的适用范围出发，不难发现其主要适用于两个对象：一是适用于人，二是适用于文化。之所以适用于人，就是因为其能够说明在当今时代背景下，人们的精神需要得到了全面提升。之所以适用于文化，就是因为文化的发展历程成就了当今社会的发展。岭南文化作为岭南地区特有的地域性文化，其包容性非常突出，具有多元化色彩的特点，在吸收了众多文化的精髓的基础上，形成了自有的特色。基于此，岭南文化应用于城市历史街区公共空间设计时，必须将文化导向原则作为基本的设计原则，体现具有地域色彩的中华民族传统文化在时代发展进程中引导人、启发人、熏陶人的作用与意义，促进其在当今社会的传承、弘扬、发展。

（二）呈现真实且正确的文化理念

历史导向原则最为关键的作用就是能够将历史发展道路中真实存在的事物凸显出来，以供人们分析、筛选，呈现历史对时代发展的推动作用。文化是推动历史发展的动力，在一定程度上，历史的真实性能够充分印证文化发展的真实性，历史文化的传承、弘扬、发展过程也能够体现文化理念的先进性。因此，在以岭南文化为中心的城市历史街区公共空间设计中，必须做到将真实、正确的文化理念呈现在人们面前，引导人们认识到岭南文化在传统文化中的作用与地位，同时在无形中意识到中国传统文化的先进性所在。这恰恰是岭南文化在城市历史街区公共空间设计过程中将历史导向原则作为一项基本原因的又一有力说明。

通过本节针对岭南文化在城市历史街区公共空间设计原则的阐述，可以看出将岭南文化在实践中转变为现实并非易事。只有明确了岭南文化应用于城市历史文化街区公共空间设计的基本原则，才能为更好地呈现岭南文化提供有力保证。

第四节　岭南文化在城市历史街区公共空间设计中的传承

传承是优秀传统文化全面弘扬与发展的基础，更是优秀传统文化充分发挥熏陶人、引导人、启发人、教育人作用的重要前提。城市历史街区是优秀传统文化广泛传播的重要载体，其中岭南文化的传承有着更多的优势。本节笔者就通过实际的案例进行详细的分析与阐述。

一、在城市历史街区视角下岭南文化符号的解读

岭南古为百越之地，是百越族居住的地方，秦末汉初，它是南越国、闽越国的辖地。所谓岭南，是指五岭之南，五岭由越城岭、都庞岭、萌渚岭、骑田岭、大庾岭五座山组成，大体分布在福建（含武夷山）、广西东部至广东东部和湖南、江西五省区交界处。自唐朝宰相张九龄在大

庚岭开凿了梅关古道以后，岭南地区才得到逐步开发，中原文化随之进入岭南地区，并且与当地传统文化逐渐融合，形成了极具地域特色的岭南文化，成为中华优秀传统文化的重要组成部分，深刻影响着广大华夏儿女。发展至今，岭南文化在城市历史街区公共空间设计中的传承也成为大众关注的焦点。

（一）城市历史街区呈现岭南经典文化符号的意义

从地理位置分析，岭南文化主要分布在广东、广西、福建三省区的大部分区域，随着"粤港澳大湾区"的建成，全面提高湾区文化软实力为岭南文化传承与发展提供了更为理想的契机。早在 2019 年初，中共中央、国务院就通过了《粤港澳大湾区发展规划纲要》，其内容明确提出"共建人文湾区"，要求保护、宣传、利用好湾区内的文物古迹、世界文化遗产和非物质文化遗产，以彰显其独特的文化魅力。该规划是岭南地区历史文化街区保护和发展的法定指导性文件。从此，岭南地区这片历史文化宝地在城市更新建设过程中有了被保护和提升的标准。历史文化街区承载着传承城市历史文化的作用，它就像城市生命的文脉，串连起了整座城市的过往、现在和未来。在以钢筋水泥飞速建设的当代城市中，倘或留存着某处历史文化街区，那便是城市的幸运。城市的发展不能抛弃历史的积淀和文化的基础，它是城市的根，城市的血液。在城市更新的过程中，保护历史文化街区的重要性不言而喻。随着城市的更新发展，城市街区集聚了新兴文创产业，"艺术生活社区"的功能日益凸显。抬头间，画廊艺术馆、摄影馆、西餐厅、民宿等存于其间，岭南文化符号所具有的意义和价值也在无形中浸入人们的内心，唤起无数人的向往之情，吸引着人们慕名前来游览。无形之中，历史街区便让岭南文化得以保存和延续。

（二）城市历史街区中岭南经典文化符号概述

岭南文化是中华文化中的一个重要支流，在历史上一直是岭南地区的主流文化，以广州为核心的广东地区更是岭南文化的发源地与核心区。岭南文化的主体由属于珠江系文化的广府文化、潮汕文化和客家文化构成。从粤语、粤剧、广东音乐、广东曲艺、岭南书法、岭南画派、岭南诗歌、岭南建筑、岭南盆景、岭南工艺到岭南民俗和岭南饮食，无不反映出岭南文化内涵丰富、独具一格、多姿多彩的地方特色。一般的概括如下：岭南文化的特质是开放、进取和实利重商。从文化源流来说，岭南文化的源头可以上溯到南越的土著文化。在长期的升华、演变过程中，岭南文化逐渐吸取和融合了中原文化和海外文化元素——包括东南亚和以欧洲为主的西方元素。岭南文化的形成本身就是一个兼容并蓄、开放吸收的典型过程，这些可以从广东各地那些中西合璧的老建筑中得到最直观的印证。进取是岭南文化的又一特质。自古以来，岭南由于处于五岭以南而远离中国传统文化内核。正因如此，岭南人时常会超越"传统导向"而体现出可贵的进取精神。在近代文化史上，这里涌现出一批努力超越传统导向的文化名人，如岭南画派祖师高剑父，民主革命先驱孙中山，思想启蒙运动的先驱康有为、梁启超，第一个"睁开眼睛看世界"的抗英名将林则徐，等等，他们都是一代岭南文化的代表性人物。实利重商是岭南文化中一以贯之的传统。广州仰仗得天独厚的地理优势，自唐宋起便是我国重要的对外商埠。明清以降，随着国外对茶叶、丝绸、瓷器等需求的大增，当地商品经济发展迅速。不仅广州、佛山作为商埠声名远扬，"广东帮"商人也走南闯北，足迹"上沂津门，下通台厦"，远至南洋。可以说，是市场经济的熏陶铸造了岭南文化讲求实利实惠、偏重商业的倾向。

二、穿越历史时空：岭南经典文化符号的传承

经典文化符号的传承是传统文化精髓经久不衰，永驻人们内心深处的主要原因，岭南文化也是一样。因此，让岭南经典文化符号穿越历史时空，得到永续传承是岭南文化蜕变与传承的主要措施。但是，在实践过程中，以合理的城市历史街区公共空间设计为主体仍是重点，具体操作包括两个部分。

（一）传承经典：永不消失的岭南文化符号

优秀传统文化之所以极富魅力，最根本的原因就是在不同的历史时期都能够成为经典之作，深深印刻在人们内心之中，并通过最直接的艺术表现形式向世人阐述其内涵。这种穿越历史时空的优秀传统文化必须经久不衰地传承下去，岭南文化亦是如此。城市历史街区公共空间设计必然要将其经典的文化符号永久地传承下去，这是历史的必然，也是时

代的要求。笔者接下来将对岭南文化在当今城市历史街区公共空间设计中的传承形式进行阐述。

岭南经典文化符号在汕头小公园已经向人们淋漓尽致地展现出来。汕头小公园的八角古亭，也是小公园的中心位置，四周有骑楼环绕，错落有致的同时，能够让人们在当今的街区感受到后周的历史感和年代感。另外，八角古亭素有"八仙过海"之寓意，是我国民间神话的象征；以"龙""凤"等中华民族的图腾作为浮雕图案，擎柱以中国红为色调，彰显出中华民族传统文化的固有色彩，这些元素让人们以最直观的形式感受到华夏儿女自古就有的非凡智慧，以及对美好生活的向往之情。骑楼作为我国近现代商住建筑，虽年代并非久远，但是做到了中西方文化的相互结合，成就了独具特色的建筑形式，不仅造型美观，还具有较强的实用性。这无疑是岭南文化在城市历史街区公共空间设计中传承的具体表现，更是岭南文化在当今我国文化艺术、建筑艺术等领域应用价值的直观呈现。

（二）传递文化印象：经典文化符号内涵的永续传承

笔者通过将岭南文化符号传承效果的呈现、时代意义、作用价值进行具体的阐述，明确指出岭南经典文化符号传承能够促进我国文化事业的全面发展，为中国特色社会主义事业建设与发展夯实文化基础。基于此，笔者认为传递最初的文化印象是岭南文化在城市历史街区公共空间设计中最为理想的出发点，具体操作应该从三方面入手：第一，城市历史街区主色调要凸显岭南文化色彩的经典寓意；第二，合理搭配岭南经典文化符号打造人物雕塑造型（如街头铜像人等）；第三，街区建筑造型要保持极高的真实度。这三方面显然是公共空间设计效果的直观表达，其视觉传达效果是不言而喻的，有助于岭南经典文化符号的永续传承。

三、当今的完美呈现：岭南文化催生现代公共空间设计的创新

从当今城市街区的整体规划角度分析，整洁、时尚、落落大方是城市街区普遍呈现的特点，其作用就是以最直观的形式凸显城市的精神面貌。将古文化意蕴融入现代城市历史街区公共空间设计之中，显然为全面提升城市精神面貌提供了强有力的推动作用，能够催生现代历史街区公共空间设计的创新点，岭南文化在城市历史街区公共空间设计中的传承也不例外。

（一）现代感中彰显古文化意蕴：城市历史街区公共空间设计新思路的产生

随着我国"文化强国"战略的全面落实，岭南地区正在不断加强城市历史街区规划、改造、设计工作，确保岭南文化在历史街区中能够完美呈现，成为传承、弘扬、发展岭南文化最具影响力的载体。具体而言，主要包括两个方面：第一，中原文化所孕育的中华文化依然是城市历史街区公共空间设计的核心元素；第二，现代文化元素巧妙融入其中。就前者而言，主要表现在街区建筑布局、建筑造型、植物种类的选择与搭配等方面，让古文化意蕴能够通过历史街区整体布局展现在人们面前。针对后者而言，强调外墙壁的砖雕艺术、岭南传统绘画艺术、门窗设计等增加现代文化元素，确保城市历史街区公共空间既能让人们体会到现代感，又能彰显古文化意蕴，由此形成具有创新性的设计新思路。

（二）永不消失的文化理念：传统与现代的完美契合

传统文化的艺术魅力和历史价值主要体现在两个方面：第一，在不同历史时期的时代背景之下都有较强的借鉴意义；第二，随着时代的发展能够永远流传。究其原因，就是因为传统文化的理念发挥着至关重要的作用。岭南文化在城市历史街区公共空间设计中的传承恰恰印证了笔者的这一观点，文化理念渗透出的开放性、兼容性、多元性思想让城市历史街区公共空间设计实现了传统与现代的完美契合。

岭南印象公园将广府民居建筑风格在现代历史街区中进行了呈现，其建筑以青砖、石柱、石板砌成，并且山墙伴有花鸟等图案，建筑顶部呈现出龙船脊，山墙则筑有镬耳顶，是岭南文化的代表。另外，从岭南文化的核心思想角度观察，"多元、务实、开放、兼容、创新"是岭南文化思想的精髓所在，商家将当代导视系统清晰地展现出来，并且对门窗进行了现代艺术层面的设计，使室内公共空间设计与街区公共空间设计相互联通，突出了历史文化街区本身文化的包容性和开放性，让传统与现代保持了完美的契合。①这无疑是岭南文化在城市历史街区公共空间设计中传承的直观呈现，也说明了岭南文化在未来传承与发展中潜藏的特点和主体方向。

---

① 黄湘菡.岭南传统建筑中窗户的研究[D].广州：华南理工大学,2013:8.

通过本节的观点阐述不难发现，城市历史街区公共空间设计将岭南文化全面而有深度地进行体现，形成了传统与现代的深度融合。但是，在当今时代发展的大环境之下，生态化已经成为各个领域谋求可持续发展的根本出发点。所以，岭南文化在城市历史街区公共空间设计中的传承应将生态化发展理念融入其中，而这也是笔者在本章最后一节所要阐述的内容。

第五节 岭南文化在城市历史街区公共空间设计中的活化

中华优秀传统文化世代传承具有一定的历史必然性，其主要原因在于两个方面：一是中华民族自古就有"以史为鉴"的先进观念，二是文化传承过程离不开"创新"二字发挥的支持作用。面对当今时代中华民族所处于的历史发展新阶段，传统文化传承路径和形式的创新显然要得到更高程度的重视。岭南文化作为中华优秀传统文化的重要分支，其传承路径和形式必然要不断加以深化，虽然城市历史街区由来已久，但是依然要在发展的可持续性方面加大力度，以保持生态化发展新姿态。

一、文、商、住三结合：岭南文化融入历史街区公共空间设计的新思路

（一）明确历史街区现代经商的责任与使命

时代的发展与进步离不开两项关键性的因素，一是人民群众的物质生活得到全面满足，二是人民群众精神层面的充分给予。前者是时代发展与进步的基础，后者则是时代发展的最高要求。从现实情况看，民族优秀传统文化的传承必然要以促进商业发展为重要出发点。岭南文化融入城市历史街区要将承载作用淋漓尽致地体现出来，彻底摆脱传统设计思路的束缚，凸显出设计方案的功能性，让历史街区现代经商的责任与

使命成为设计方案的主体。① 其中，必须高度重视两个方面：第一，商业经营要突出岭南文化特有理念的推广；第二，要生动呈现岭南文化传承的过程，并充分彰显弘扬的价值。这两方面显然为挖掘文、商、住三结合历史街区公共空间设计新思路指明了方向。

（二）挖掘"文""商""住"三结合历史街区公共空间设计新思路

从当今时代发展的基本任务出发，文化与经济的协同发展是当今我国社会主义事业迈向历史新阶段的根本任务，也是进一步提升广大人民群众物质生活水平和精神生活品质必不可少的两个条件，笔者在上文中也表达了这一观点。具体而言，岭南文化融入城市历史街区公共空间设计，既要体现文化价值和商用价值，又要发挥其实用价值，让历史街区彰显原生态的特点，凸显在文化传承、弘扬、发展中的载体作用。具体而言，建筑布局在突出错落有致的同时，还要注重岭南文化符号的充分融合。并且，在植物种类的选择与搭配上，突出地域特色和文化寓意，凸显文化与自然之间的相互契合。除此之外，在建筑布局的功能性上，既要满足文化产业发展的新需求，又要满足日常生活的基本需要，真正形成具有文化传承和推广作用的"前店后居"新布局，而这无疑是岭南历史文化街区的理想方向。

二、文创事业稳步向前：历史街区空间设计步入生态化的新动力

文创作为全面提升国家文化软实力的重要抓手所在，也是全面加快我国文化事业发展进程的重要推手。面对新时代背景下我国社会主义事业建设与发展所处的历史新阶段，全面加快文化事业发展进程已经成为根本要务，历史文化街区生态化发展显然具有必然性。

（一）产业化发展要求：岭南历史文化街区空间设计兼容并包的重要前提

岭南历史文化街区生态化发展最终必将形成产业化发展规模，由此形成集各类相关要素于一身的产业集群，进而形成岭南文化又好又快传承、弘扬、发展之势。这是历史街区空间设计步入生态化的新动力，也

① 欧人.岭南文化与广东商人的商业精神[J].商讯（公司金融）,2000(3):67.

是文创事业稳步向前的根本前提条件。

黄飞鸿纪念馆坐落于佛山市中心，其吸纳了镬耳顶、龙船脊等建筑造型，并且采用阶砖铺地和红、白石板铺天井的方法，以保证建筑本身的功能性。另外，黄飞鸿纪念馆景区镬耳屋的屋顶中间有风水牛和水草纹饰，不仅将岭南文化中的"神兽"呈现在世人面前，还呈现出了"上善若水"的文化深意；石狮和植物的摆放更是凸显出空间布局的对称性。最后，在街区的墙壁上，有龙、鳌、牛、水草等图案雕刻，向人们揭示了岭南文化的建筑设计中"独占鳌头"和"昂首向天"的设计理念。① 黄飞鸿纪念馆景区成就了该历史街区的重现，同时提升了岭南历史文化街区自身的影响力，为创意饰品、文玩收藏、餐饮娱乐等相关店面的进驻提供了便利条件，最终为形成岭南文化独有的文创品牌提供了可能。

（二）创意的新颖化：岭南历史文化街区空间设计可持续发展的核心动力

空间设计离不开创意，好的创意必然会赋予空间设计"新的灵魂"。在传统文化传承中，历史街区空间设计的创意是否新颖，必然会对文化传承、弘扬、发展的可持续性产生重要影响。岭南历史文化街区空间设计的可持续发展也不例外。

从佛山祖庙历史文化街区的岭南历史文化街区空间设计生态化展示中可以看出，岭南文化在城市历史街区的传承过程中可以通过有形的方式进行空间布局，也可以通过无形的方式将历史街区空间设计新理念加以生动体现，从而在吸引更多目光的同时，达到岭南文化在历史街区广泛传承的目的。合理设计和摆放花灯无疑是理想的选择之一。② 花车中既有岭南文化建筑艺术的精髓，如瓦顶的龙船脊、山墙的镬耳顶、骑楼等，又在山墙镬耳顶和山墙图案中呈现出中国红的主色调，以及龙凤呈祥的绘画图案，这显然更有利于调动广大市民深层了解岭南文化的积极性和主动性。

① 彭新媛.岭南文化在文创产品中的交互设计与应用[J].智库时代,2020(26):1.
② 黄玉华,徐勇志.岭南建筑文化的生态观及实践路径研究[J].柳州职业技术学院学报,2019,19(6):5.

三、生态建筑技术的灵活运用：岭南历史文化街区空间设计活化的点睛之笔

当前，"绿色""生态""环保"是社会主义事业可持续发展和又好又快发展的基本前提，故而"生态化"发展成为各个领域在新时代的基本奋斗目标，岭南历史文化街区空间设计同样需要灵活运用生态建筑技术，使其转化为现实，成为"点睛之笔"。

（一）生态建筑技术在岭南历史文化街区空间设计中运用的侧重方向

毋庸置疑的是，技术发展是成就人类美好未来不可缺少的条件之一，也是人类追求可持续发展道路中不可或缺的支撑。当今，"生态化"已经成为时代发展的基本理念，各个领域都将"生态发展"视为基本追求。岭南历史文化街区空间设计必然也要与时代发展的大环境高度统一，而现代技术的应用无疑成为必然之选。笔者认为应在两方面加以重视：第一，岭南文化中的色彩元素不仅要在建筑文化中传承，更要实现衍生和运用，实现可持续发展；第二，运用新材料提高岭南文化中砖雕、木雕技术的生态化水平，用现代技术彰显岭南经典文化符号的新内涵，突出文化传承与发展的生态、绿色、环保等特点。

（二）生态建筑技术在岭南历史文化街区空间设计中的运用

如何有效抓住技术运用的侧重点，实现岭南历史文化街区空间设计灵活运用生态建筑技术，让历史街区空间设计效果真正活灵活现地展现在人们面前，是我们必须认真思考的重要问题。笔者认为，重中之重应包括两个方面：第一，找准当代生态建筑技术，分析其在历史文化街区环境、功能、资源利用中的作用，促进岭南传统建筑材料的创新，让历史街区空间设计生态化拥有深厚的"根"。第二，运用生态建筑新技术，在传承历史街区建筑结构固有特色的同时，做到建筑结构的合理优化，力求具有生态、绿色、环保效果的建筑新材料能够得到充分运用。同时将现代文化元素加以科学融合，既保留岭南文化的艺术魅力与文化价值，又彰显文化传承的时代感与创新性，把岭南历史文化街区空间设计做到极致。

后 记

　　本书属于传统文化与公共空间设计融合领域的专著，由岭南文化的概括、当代公共空间设计的介绍、岭南文化与公共空间设计的联系、岭南文化在公共空间导视设计中的传承及表现、岭南文化在当代餐饮公共空间的传承及再生、岭南文化在城市历史街区公共空间的设计活化六部分内容构成。全书主要研究岭南文化在当代公共空间设计中传承的价值，分析岭南文化在当代公共空间设计中形成的蜕变与再生，并阐述岭南文化在当代公共空间设计中应用的具体路径，对从事当代公共空间设计工作的研究人员与学者具有学习和参考价值。

　　本书在撰写过程中得到许多同人和领导的大力指导，特别感谢韩国国民大学 Techno 设计研究生院院长、博士生导师金开天教授，韩国国民大学 Techno 设计研究生院罗一敏教授、李善贞教授，中国澳门科技大学人文艺术学院博士生导师李克教授，中国广州美术学院博士生导师吴慧平教授，广东美术馆馆长王绍强教授的指点及大力支持。但受制于研究程度，现研究仍然存在诸多不足之处，将在后续的研究中进一步拓展研究范围与深度，以期取得更多成果，热忱期待各位同行及读者的批评指正。

　　本书在出版过程中得到中国国家社会科学基金艺术学一般项目（编号：17BA011）、中国教育部人文社会科学研究艺术学项目（编号：20YJA760030）、中国广东省教育厅哲学社科项目（编号：2021WTSCX250）以及韩国国民大学 Techno 设计研究生院文化设计研究室的资助，在此表示感谢。衷心感谢吉林人民出版社对本著作的出版所给予的最热忱的支持。最后，谨以此书献给所有关心、爱护、支持和帮助过我的师友和亲人。

2022 年 5 月于韩国首尔北汉山

李鸿明　李玟

参考文献

[1] 陈义初. 河洛文化与岭南文化 [M]. 郑州：河南人民出版社，2018.

[2] 梁定宽，戴继芹，姚逸芹. 岭南文化通俗读本 [M]. 广州：中山大学出版社，2016.

[3] 陈泽泓. 岭南建筑文化 [M]. 广州：广东人民出版社，2019.

[4] 周松芳. 岭南饮食文化 [M]. 广州：广东人民出版社，2019.

[5] 刘洪波，文建平. 公共空间设计 [M]. 长沙：湖南大学出版社，2013.

[6] 孙皓. 公共空间设计 [M]. 武汉：武汉大学出版社，2011.

[7] 李苏晋，曾令秋，庞鑫. 公共空间设计 [M]. 成都：电子科学技术大学出版社，2020.

[8] 吴懿，甘诗源. 餐饮空间室内设计 [M]. 石家庄：河北美术出版社，2015.

[9] 张宏玉，邱萌，张宇，等. 餐饮空间设计 [M]. 合肥：合肥工业大学出版社，2019.

[10] 张帅. 城市更新视角下的文化街区公共空间设计研究 [D]. 沈阳：鲁迅美术学院，2021.

[11] 陈诗祺. 地域文化影响下岭南建筑"怪而实用"的特征研究 [D]. 广州：华南理工大学，2020.

[12] 杨晗. 岭南纹样在软装设计中的应用研究 [D]. 广州：华南理工大学，2020.

[13] 辛圣炜. 岭南当代博物馆庭园空间设计研究 [D]. 广州：华南理工大学，2020.

[14] 何文婷. 地域文化体验视角下四条旧城步行商业街调查研究 [D]. 广州：华南理工大学，2020.

[15] 莫妮娜. 岭南地域性文化特质在民宿设计中的应用研究 [D]. 广州：广东工业大学，2020.

[16] 李晓帆. 批判地域主义的岭南茶餐厅设计研究 [D]. 广州：广州大学，2016.

[17] 彭天福 . 广府地区高层住宅外立面设计中岭南传统建筑元素的应用研究 [D]. 广州：广东工业大学 ,2020.

[18] 汪静敏 . 广州泮塘历史街区景观 "微改造" 设计研究 [D]. 景德镇：景德镇陶瓷大学 ,2019.

[19] 李玉婵 . 东莞市居住性历史文化街区保护与更新研究 [D]. 广州：华南农业大学 ,2018.

[20] 童媛 . 佛山历史文化街区的保护及活化方式研究 [D]. 广州：广州大学 ,2018.

[21] 易凯 . 岭南传统建筑元素在丹霞旅游综合体景观设计中的应用 [D]. 昆明：昆明理工大学 ,2018.

[22] 李青琳 . 广州昌兴街历史街区的保护与利用研究 [D]. 广州：华南理工大学 ,2012.

[23] 黄海峰 . 骑楼与建筑文化比较分析 [D]. 南宁：广西大学 ,2006.

[24] 罗亦诚 , 易西多 . 广州南沙图书馆室内设计中岭南特色的呈现 [J]. 设计 ,2021(23):158–160.

[25] 刘二祯 , 贾欣羽 , 李女仙 . 文化创意视角下南粤传统村落活化的模式构建 [J]. 美与时代 (上),2021(11):24–27.

[26] 高平 . 基于岭南传统文化的文创产品设计研究 [J]. 天工 ,2021(10):80–81.

[27] 李和顺 , 张健炤 . 岭南历史文化街区的保护与更新——以江门市新会中心景观街区保护规划为例 [J]. 城市建设理论研究 (电子版),2018(2):202–203.

[28] 温朝霞 , 谢小娜 . 广州市荔湾区历史文化街区的保护与活化 [J]. 探求 ,2017(1):96–101，108.

[29] 张肖珊 . 广州岭南特色街区城市设计指引探讨 [J]. 建设科技 ,2016(15):71–72.

[30] 曾斌 , 陈霄 , 王其东 , 等 . 基于文化内核传达的岭南特色城市空间营造 [J]. 绿色环保建材 ,2016(2):106–110.

[31] 栾孟辉 , 姜世汉 . 新型城镇化下的岭南特色建筑、街区、园林浅析——以中新广州知识城为例 [J]. 广东园林 ,2015(1):39–41.

[32] 柳立子 . 城市公共空间建设与城市文化发展——以广州与岭南文化为例 [J]. 学术界 ,2014(2):91–101，308.

[33] 陈文君 , 杨宏烈 . 广州历史街区可持续发展探讨 [J]. 珠江经济 ,2005(8):66–70.

[34] 魏如晨 . 湾区建设背景下岭南文化的传承与旅游产业建设 [J]. 当代旅游 ,2021(29):7–9.

[35] 黄克华.岭南建筑室内设计文化研究 [J]. 城市住宅,2021(9):112-113.

[36] 林妍莹,黄华飞.岭南建筑在乡村建设中的传承与发展——以广州增城为例 [J]. 城市建筑,2021(26):67-69.

[37] 张英.岭南醒狮文化基因与产品设计的共融构建 [J]. 艺术品鉴,2021(24):84-85.

[38] 居华倩,钟尚联.岭南文化在艺术与设计中的符号特征 [J]. 中国包装,2021(8):66-68.

[39] 杨海涛.粤港澳大湾区建设背景下地方文化传承与发展研究——以江门滨江新区为例 [J]. 地方文化研究,2021(4):50-59.

[40] 薛佳凤,齐放.广东景观规划设计中岭南园林元素的运用 [J]. 现代园艺,2021(15):108-110.

[41] 金世强.地域文化元素在公共空间设计中的运用 [J]. 大观,2021(6):24-25.

[42] 李婵,程娟.岭南元素在现代室内设计中的应用 [J]. 建筑结构,2021(11):161.

[43] 马文镰,张南岭.基于岭南地标建筑符号的文化创意设计探究 [J]. 美与时代(城市版),2021(5):7-9.

[44] 任丽芬.文化传播视域下的城市公共空间设计 [J]. 绥化学院学报,2021(5):104-105.

[45] 凌锦.传承岭南建筑文化的当代室内设计 [J]. 艺术大观,2021(11):63-64.

[46] 林进仙.陈家祠建筑装饰艺术的岭南文化意蕴 [J]. 明日风尚,2020(11):149-150.

[47] 肖文婷.文化符号在城市空间重塑中的异化与再生产——以佛山岭南天地为例 [J]. 顺德职业技术学院学报,2020(2):86-90.

[48] 陆宝荣.环境艺术设计中岭南建筑风格的应用探讨 [J]. 北京印刷学院学报,2020(4):61-64.

[49] 唐粉英.基于山水相宜性的客家民居公共空间设计方法研究——以陆河县为例 [J]. 城市建筑,2020(11):91-92.

[50] 王杰.论广府文化的两重性 [J]. 湖南社会科学,2020(1):117-123.

[51] 罗纪宁.城市古建筑保护与文化传承的文化营销战略——以广州陈家祠为例 [J]. 上海城市管理,2020(1):32-39.

[52] 陈俊娟,孙珊.探析岭南特色文化创意产品产业发展模式 [J]. 产业科技创新,2020(3):7-8.

[53] 郭强 . 岭南建筑空间文化符号研究 [J]. 艺术品鉴 ,2020(2):15-16.

[54] 郑启皓 , 黎家骥 , 王炜航 . 略论岭南特色建筑基因的传承与创新 [J]. 南方建筑 ,2019(6):88-95.

[55] 黄玉华 , 徐勇志 . 岭南建筑文化的生态观及实践路径研究 [J]. 柳州职业技术学院学报 ,2019(6):14-18.

[56] 陈诗祺 , 郭谦 . 传统岭南建筑的 "异趣" 特征 [J]. 城市建筑 ,2019(32):106-109.

[57] 刘莉 , 黄剑霞 . 岭南建筑元素在现代餐饮建筑设计中的应用——以广州 ××饭店（岭南家院）为例 [J]. 工业设计 ,2019(10):116-117.

[58] 黄洋 . 岭南文化视域下室内空间创意设计要领与实践分析 [J]. 艺术品鉴 ,2019(29):240-241.

[59] 於天 , 柳清 . 人文湾区建设视角下的岭南文化育人研究——以粤港澳大湾区城市佛山为例 [J]. 惠州学院学报 ,2019(4):103-107.

[60] 高迎进 , 王慧洙 , 赵阳 . 浅析岭南文化在北京园博会景观规划设计中的应用 [J]. 艺术与设计 (理论),2019(7):54-56.

[61] 袁哲慧 . 岭南风格元素在室内设计中的应用探析 [J]. 大观 ,2019(7):45-46.

[62] 吴珊 . 基于岭南传统装饰图案的室内软装艺术设计分析 [J]. 艺术品鉴 ,2019(21):208-209.

[63] 盛玉雯 . 基于设计构成课程中对岭南传统文化符号的提取与创作 [J]. 美术教育研究 ,2019(12):164-165.

[64] 杨思远 , 张奕今 . 近代岭南古建筑文化特色探究 [J]. 风景名胜 ,2019(7):85.

[65] 程小红 . 南粤古驿道 : 岭南文化的源头 [J]. 人民周刊 ,2019(8):76-77.

[66] 章桐菱 . 岭南文化中的图案符号在群众文化中的衍生 [J]. 大众文艺 ,2019(4):11.

[67] 陈雄 , 陈宇青 , 许滢 , 等 . 传承岭南建筑文化的绿色建筑设计实践与思考 [J]. 建筑技艺 ,2019(1):36-43.

[68] 伊曼璐 , 邢谷锐 . 广东省岭南建筑特色彰显与城市设计路径探索 [J]. 南方建筑 ,2018(5):99-105.

[69] 么冰儒 , 钟志军 . 融入岭南文化的酒店装置艺术创新设计研究 [J]. 艺术工作 ,2018(5):108-110.

[70] 赵洁 , 罗东燕 , 张碧雪 , 等 . 岭南建筑元素在现代建筑中的运用研究——以东莞可园为例 [J]. 家具与室内装饰 ,2018(10):94-95.

[71] 孙鹏.基于地域文化的城市公共空间导向设计思考——以佛山为例[J].美与时代(城市版),2018(9):100–102.

[72] 孔姣姣.基于岭南文化镬耳屋图形元素的视觉设计应用探索[J].大观(论坛),2018(9):40–41.

[73] 徐远通.充分发挥岭南文化在粤港澳大湾区建设中的作用[J].岭南文史,2018(3):10–13.

[74] 易立飒.中国优秀传统文化与儿童公园景观建设的融合——以广州市儿童公园为例[J].绿色科技,2018(15):27–28.

[75] 卢志海.广州岭南文化主题酒店开发设计探讨[J].江苏商论,2017(5):7–13.

[76] 黎泽国.岭南文化在粤港澳大湾区建设中的重要作用研究[J].特区实践与理论,2021(1):101–109.

[77] 刘小明.公共图书馆传承岭南文化的思考[J].办公室业务,2021(3):75–76.

[78] 李方.岭南传统建筑文化艺术设计[J].建筑结构,2020(24):155.

[79] 郭仰成,周志强,李女仙.广东传统村落公共空间的更新策略——以广州大岭村为例[J].城市建筑,2020(33):37–39.

[80] 孙皓,舒乐.刍议岭南地区宗祠建筑装饰纹样的风格特征——以广州陈家祠为例[J].城市建筑,2020(32):54–56.

[81] 王琳琳.岭南文化展览馆设计[J].建筑结构,2020,(16):137.

[82] 李维佳.岭南传统建筑文化的现状及特色研究——以广州市荔湾区荔枝湾建筑设计为例[J].四川建材,2020(8):27–29.